L'Agenda
DE L'APPRENTI
comédien

À mon père, à Françoise, qui m'ont aidé à faire ce métier.
À mes enfants, Pauline et Julien.

Graphisme : Elisabeth Ferté

Retrouvez toutes nos parutions sur : www.lamartinierejeunesse.fr
www.lamartinieregroupe.com

Daniel Sanzey

Préface de Susie Morgenstern

L'Agenda de l'apprenti comédien

Illustré par Vincent Odin

De La Martinière

Demandez le programme !

Mesdames, mesdemoiselles, messieurs, entrez sur scène à l'invitation de Daniel Sanzey, homme de théâtre. Venez, venez vite si vous voulez danser avec une pomme, faire une déclaration d'amour à une tablette de chocolat, devenir un oiseau ou apprendre à manifester votre mécontentement devant un spectacle que vous n'aimez pas.

Et ce n'est pas tout ! Savez-vous, mesdames, mesdemoiselles, messieurs, d'où viennent les expressions «l'arlésienne », « tirer un décor par les cheveux », «prendre un bide » ou « casser la baraque » ? Connaissez-vous « le secret de Polichinelle » ? Et pouvez-vous déclamer les prénoms des frères Marx ?

Avec cet Agenda, vous allez pouvoir animer au fil de l'année vos soirées, fêtes et anniversaires avec 365 idées géniales, pour devenir comédien mais aussi pour vivre ensemble, en famille, ou entre copains.

Mesdames, Mesdemoiselles, messieurs, prenez vos places dans ce théâtre pour TOUS !

Comme William a si bien dit :

« Le monde entier est un théâtre, et hommes et femmes ne sont que des acteurs; ils ont leurs entrées et leurs sorties. Un homme, dans le cours de sa vie, joue différents rôles ; et les actes de la pièce sont les sept âges : dans le premier, c'est l'enfant, vagissant, bavant dans les bras de sa nourrice. Ensuite l'écolier, toujours en pleurs, avec son frais visage du matin et son petit sac, rampe, comme le limaçon, à contrecœur jusqu'à l'école. Puis vient l'amoureux, qui soupire comme une fournaise et chante une ballade plaintive qu'il a adressée au sourcil de sa maîtresse. Puis le soldat, prodigue de jurements étranges et barbu comme le léopard, jaloux sur le point d'honneur, emporté, toujours prêt à se quereller, cherchant la renommée, cette bulle de savon, jusque dans la bouche du canon. Après lui, c'est le juge au ventre arrondi, garni d'un bon chapon, l'œil sévère, la barbe taillée d'une forme grave ; il abonde en vieilles sentences, en maximes vulgaires ; et c'est ainsi qu'il joue son rôle. Le sixième âge offre un maigre Pantalon en pantoufles, avec des lunettes sur le nez, et une poche de côté : les bas bien conservés de sa jeunesse se trouvent maintenant beaucoup trop vastes pour sa jambe ratatinée ; sa voix, jadis forte et mâle, revient au fausset de l'enfance, et ne fait plus que siffler d'un ton aigre et grêle. Enfin le septième et dernier âge vient finir cette histoire pleine d'étranges événements; c'est la seconde enfance, état d'oubli profond où l'homme se trouve sans dents, sans yeux, sans goût, sans rien. » (traduction de Victor Hugo)

Amusez-vous bien !

Susie Shakespeare

Janvier

Ouvre le rideau sur cette nouvelle année et frappe les trois coups ! Le lever du rideau est traditionnellement signifié par trois coups de brigadier : bâton enveloppé de velours rouge maintenu par des clous dorés, appelé aussi « bâton de régisseur ».

Enfin les trois coups retentirent. Le rideau se replia lentement sur lui-même.
Théophile Gautier

Qu'est-ce qui t'a fait découvrir le théâtre ? Est-ce une personne, un événement particulier ?

Une personne

2 janvier

> *Patience et longueur*
> *de temps font plus*
> *que force ni que rage.*
> **Jean de La Fontaine**

Au théâtre, la patience est primordiale. On ne peut pas, sans préparation, se lancer dans une représentation théâtrale. Cela nécessite des exercices d'entraînement du corps, de la voix, de la respiration, de la mémoire, des exercices pour développer son imagination, ses sensations, l'écoute des autres.

Pratiques-tu un autre art qui exige de la préparation ?

Non

Allonge-toi, bras le long du corps,
yeux fermés.
Détends tous tes muscles
du front jusqu'aux pieds.
Observe ta respiration et
relâche-toi. Inspire, expulse l'air.
Cet exercice doit t'amener
à un état proche du sommeil.

Pour un artiste,
la création n'est pas
un travail, c'est respirer,
c'est exister.
Gilbert Choquette

Décris ton état.

Je suis calme.
reposer.

Il faut savoir trouver
cet état de détente
pour pouvoir mettre
toute son énergie
dans les improvisations
ou les répétitions.

4 janvier

> *Il nous faut peu de mots pour exprimer l'essentiel.*
>
> **Paul Éluard**

Le théâtre, c'est un apprentissage mais aussi un art.

Cherche dans des dictionnaires les définitions du mot « théâtre ».

Écris toutes les définitions que tu as trouvées.

Théatre :

Le théatre c'est l'art de jouer une pièce

5 janvier

Positionne-toi contre un mur et jette un papier chiffonné devant toi. Regarde et mémorise bien l'endroit où il est tombé. Ferme les yeux et va le ramasser. Tu n'as le droit qu'à trois tentatives !

Explique comment tu as réussi (ou pas) à te repérer dans l'espace.

Je sais ou il se positionne.

Grace a ça je sais me réperer

> *Fermer les yeux,*
> *est-ce que c'est la nuit*
> *parce qu'on a fermé*
> *les yeux ?*
>
> **Lars Gyllensten**

Le théâtre exige de visualiser un espace avec précision.

6 janvier

Nous sommes des loueurs de miroirs que nous offrons au public afin que ce dernier se contemple.

Michel Piccoli

Dans la tradition du théâtre forain, on appelait l'aboyeur celui qui était chargé d'ameuter le public en annonçant, à voix haute, le spectacle aux passants. On le nommait aussi bonimenteur. Il est raconté que Shakespeare fut aboyeur au *Black-Friars Theatre* à Londres.

Écris un texte comme un aboyeur et entraîne-toi à le dire.

Nous sommes des loueurs des miroi que nous offrons au public afin que ce dernier ce contemple.

> *L'ensemble des phrases absurdes qui suivent constitue la gymnastique la plus efficace de la parole.*
>
> **Georges Leroy**

Entraîne-toi à dire ces phrases.
Répète-les plusieurs fois de suite,
de plus en plus rapidement.

Trois petites truites crues, trois petites truites cuites.

La lune luit la nuit au-dessus du lit de Louis.

Papa peint quand il peut mais papa ne peint pas quand il pleut.

Combien ces six saucissons-çi ?
- C'est six sous, ces six saucissons-ci.

Invente des « phrases absurdes » pour t'entraîner à la diction.

Le sapin peint une pomme de peint.
Une glacière aime le siècle d'une siège

8 janvier

> *Un athlète s'échauffe et étire ses muscles avant la compétition :*
> *un acteur doit en faire autant avec ses muscles émotionnels.*
>
> **Claude Lelouch**

Ces exercices d'entraînement sont la base du travail corporel du comédien. Ils n'exigent pas de prouesse, mais de la concentration et une prise de conscience de son corps en mouvement.

Position debout, pieds légèrement écartés, bras le long du corps, fais aller ta tête d'avant en arrière, puis sur les côtés sans forcer. Soulève tes bras, puis étire un bras puis l'autre comme si tu montais à une échelle. Laisse-les redescendre lentement. Déroule ta colonne en t'allongeant, en partant du bas du dos jusqu'aux épaules et à la tête. Relève-toi et fais bouger lentement tes articulations. Ton corps doit être très détendu.

Dessine les différentes phases de cet échauffement.

Louis XIV, le Roi-Soleil, s'est produit dans une vingtaine de spectacles au côté de Lulli qui tenait le rôle de compositeur, de violoniste et de danseur. Sa dernière apparition scénique a lieu en 1670 dans *Les Amants magnifiques*, une comédie-ballet de Molière.

> *La chute des grands hommes rend les médiocres et les petits importants. Quand le soleil décline à l'horizon, le moindre caillou fait une grande ombre et se croit quelque chose.*
>
> **Victor Hugo**

À ton avis, Louis XIV jouait-il des rôles féminins ?

Non

Les femmes étaient exclues des ballets de cour. Aussi le roi, comme tous les danseurs, tenait également les rôles de femme.

10 janvier

> *Il ne faut regarder ni les choses, ni les personnes. Il ne faut regarder que dans les miroirs, car les miroirs ne nous montrent que des masques.*
>
> **Oscar Wilde**

Mets-toi face à ton partenaire. Fais un mouvement et ton ami doit le reproduire, comme un miroir. Quelques contraintes : interdiction de se toucher ; le travail doit se faire au ralenti pour que le miroir puisse suivre ; regardez-vous dans les yeux pour voir la totalité de vos corps. Inversez les rôles.

L'intérêt est d'amener son partenaire en miroir à pressentir les mouvements que l'on propose.

As-tu déjà vu ce jeu du miroir dans un spectacle ? Lequel ?

Oui !
c'est rigolo

11 janvier

Le théâtre est art de la relation :
relation à soi, aux partenaires, au public.

*Le pauvre comédien,
même ses partenaires
ne l'écoutent pas.*
Robert Sabatier

Fais-tu du théâtre ?
À l'école ?
Dans un cours ?

Non !

12 janvier

> *Ce n'est pas la vache*
> *qui beugle le plus fort*
> *qui a le plus de lait.*
> **Proverbe gaélique**

Amuse-toi à reproduire le bruit des abeilles
qui butinent et imite le beuglement des vaches.

Travaille la bouche fermée.
Maintenant, travaille bouche ouverte et miaule
comme un chat.

Décris ce que tu ressens :

mouvements de la langue, des lèvres, sensation
au niveau du palais, de l'air expulsé…

bâh !
1 la langue bouge
2. les lèvre aussi (ou non)
3 je ne ressens pas l'air.

13 janvier

À 14 ans, Georges Feydeau fonde une troupe, « le Cercle des Castagnettes ». Il choisit ensuite d'être auteur et devient « le plus brillant ingénieur du vaudeville ».

La compagnie Renaud-Barrault a joué Feydeau entre Shakespeare, Marivaux et Molière. Une belle reconnaissance posthume !

> *Ma seule gymnastique, c'est d'aller aux enterrements de mes amis qui faisaient de la gymnastique pour rester en bonne santé.*
>
> **Georges Feydeau**

Combien de films ont été tirés des pièces de Feydeau ? 5, 16 ou 21 ?

16!

16 films ont été tirés de ses vaudevilles dont une partie par les cinéastes américains entre 1919 et 1935.

14 janvier

> *On ne peut désirer*
> *ce qu'on ne connaît pas.*
> **Voltaire**

Pour être comédien, il faut savoir tout jouer. Mais comment, par exemple, interpréter la passion quand on n'est pas amoureux ?

Trouve des idées pour interpréter la passion.

Si tu es fou de chocolat, imagine que tu parles à ta tablette préférée.

Avec un appareil photo : faire des clichés

On situe la naissance du théâtre au Ve siècle avant J.-C. en Grèce. Le théâtre existe donc depuis vingt-cinq siècles ! Au début du VIe siècle avant J.-C., le conteur Thespis inventa le masque et donc l'acteur. Il ne raconte plus, il joue.

> *Le théâtre en tant que forme d'art ne peut pas disparaître, pour la simple raison que les gens en ont besoin.*
> **Ödön von Horvath**

À ton avis, pourquoi auparavant le théâtre se jouait-il en plein air ?

car les théatre couter cher,
et surtout l'entrée

Le théâtre pendant vingt-et-un siècles sur vingt-cinq s'est déroulé en plein air pour divertir et enseigner gratuitement les populations.

Pour celui qui sait observer, chaque homme porte sur sa face la description de son corps et de son âme.

Alexis Carrel

Le théâtre exige un bon sens de l'observation.

Observe ton partenaire attentivement pendant une minute. Puis c'est à son tour de t'observer. Vous devez ensuite décrire votre habillement le plus exactement possible.

Photographiez-vous et entourez sur la photo les éléments de vos tenues que vous avez oubliés.

mes vêtement
(chuis en maillot bain)

J'adore être comédien.
C'est tellement plus réel
que la vie.
Oscar Wilde

17 janvier

Dans le dictionnaire, il existe deux sens au mot « comédien ».

► Au sens propre : celui, celle dont la profession est de jouer la comédie.

► Au sens figuré : celui, celle qui se compose une attitude, qui feint des sentiments.

Classe dans le tableau ces différents mots :

acteur, sournois, artiste, baladin, menteur, cabotin, histrion, mime, moqueur, ringard, fourbe, saltimbanque, tragédien, clown, judas, figurant.

Comédien au sens propre		Comédien au sens figuré
acteur	tragédien	sournois
artiste	clown	moqueur
baladin	figurant	menteur
cabotin		fourbe
histrion		judas
mimes		
ringard		
saltimbanque		

Au sens propre : acteur, artiste, baladin, cabotin, histrion, mime, ringard, saltimbanque, tragédien, clown, figurant. **Au sens figuré** : sournois, menteur, moqueur, fourbe, judas.

18 janvier

Toinette – *Ce sont tous des ignorants. C'est du poumon que vous êtes malade.*
Argan – *Du poumon ?*
[....]
Argan – *Et quelques fois il me prend des douleurs dans le ventre, comme si c'était des coliques.*
Toinette – *Le poumon. Vous avez appétit, est-ce que vous mangez?*

Molière

Entre les répliques du début de la citation et les deux dernières, plusieurs d'entre elles ont été effacées.

Invente les neuf répliques manquantes.

Compare-les à celles de Molière dans *Le Malade imaginaire*.

Pour moi, être acteur, c'était éprouver des sentiments qu'on ne pouvait éprouver dans la réalité. J'étais persuadé de cela. C'est vrai d'une certaine manière. Beaucoup plus tard j'ai compris que ce n'était pas seulement éprouver des sentiments et s'y abandonner, mais les montrer. C'est savoir travailler avec le matériau de ses propres sentiments, comme un sculpteur.

Antoine Vitez

Réfléchis à ce texte et prends un exemple dans une pièce où l'acteur doit ressentir un sentiment fort.

Et toi, comment par ton jeu, pourrais-tu le montrer ?

20 janvier

La vie est un voyageur qui laisse traîner son manteau derrière lui, pour effacer ses traces.

Louis Aragon

Pose un manteau sur une chaise.
Imagine-toi entrer dans ta chambre, mettre ton manteau et sortir de différentes manières : le plus normalement possible, en l'aimant, en le détestant, en étant fatigué, en étant en colère, en sortant un papier de ta poche, etc.

Explique ton jeu.

Par exemple, je sors un papier de ma poche : il y est écrit l'adresse du rendez-vous avec mon amoureuse.

« La galette », dans le jargon du théâtre, c'est un contrepoids fabriqué en fonte, de forme cylindrique, servant à maintenir les décors ; on l'appelle aussi un pain.

Ordinairement, c'est le four qui fait la galette : au théâtre, c'est l'inverse.
Paul Veron

Cherche d'où viennent ces mots.

22 janvier

Mais voici, blanche et diaphane,
La Mémoire, au bord du chemin,
Qui me remet, comme Ariane,
Son peloton de fil en main.

Théophile Gautier

La mémoire est comme un muscle, il faut la développer.

Cite un fruit. Ton partenaire le répète et en ajoute un autre. Continuez ainsi en ajoutant d'autres fruits. L'intérêt est de mémoriser le plus de fruits possible.

As-tu trouvé ce jeu difficile ? Trouve d'autres thèmes à mémoriser.

Au théâtre, selon que l'on est assis dans la salle ou sur scène, la droite et la gauche sont inversées.

Pour se repérer, rien de plus facile ! Sur scène, face au public le comédien sait que le côté cour est celui de son cœur. Le metteur en scène dans la salle prononce « Jésus-Christ » en regardant de gauche à droite. Le J de Jésus correspond à jardin, le C de Christ correspond à cour.

Comme ça, plus de confusion possible !

Le voilà qui [...] se met à m'invectiver [...]. Oh ! dame, alors, [...] je lui lance une double paire de gifles, qui lui retourne successivement le nez du côté cour et du côté jardin, et je l'envoie d'une poussée promener à l'étage au-dessous.

Georges Courteline

Trouve d'autres situations où l'on a remplacé les termes « gauche » et « droite ».

Bâbord et tribord sur un bateau.

24 janvier

Les traducteurs sont comme les peintres de portraits ; ils peuvent embellir la copie, mais elle doit toujours ressembler à l'original.

Élie Fréron

Raconte une histoire incompréhensible faite de grognements et de gargouillis.
Demande à ton partenaire de la décoder.

Note ici ce que ton partenaire a compris et à côté ce que tu as voulu dire. Compare !

Pour donner du sens à ton texte, utilise l'intonation, l'émotion dans la voix...
Ces notions sont primordiales au théâtre.

Ne sois pas surpris si on te propose durant la visite d'un théâtre de t'emmener explorer le cintre. C'est l'endroit tout en haut du bâtiment où les fils, qui servent à remonter les décors sont regroupés.

Avant qu'elle eût dit un mot, des tonnerres d'applaudissements qui ne pouvaient s'apaiser retentissaient du parterre au cintre.
Théophile Gautier

Sur ce dessin, inscris les légendes avec les mots suivants :

les herses, les tambours, les fils, les moufles, les ponts volants, le gril.

Ah ! les étranges animaux à conduire que les comédiens.

Molière

Les mouvements ne doivent être ni trop rapides ni trop saccadés. Tu dois permettre à ton partenaire d'être parfaitement synchronisé avec tes propositions.

Demande à ton partenaire de coller son visage à 10 centimètres de la paume de ta main sans jamais la quitter des yeux ni s'en écarter. Amuse-toi à le faire marcher à quatre pattes, à lui faire faire l'essuie-glace…
Inversez les rôles.

As-tu déjà assisté à des spectacles de mime ?

C'est comme un coup qu'on reçoit là, pan ! dans le creux de l'estomac. Très curieux le coup de foudre !

Alphonse Allais

Écris une liste d'onomatopées et, en face, imagine les situations qu'elles peuvent traduire.

Ex. : Smack (un baiser d'amoureux, d'un enfant sur la joue de sa maman),

AÏE (un bricoleur qui se tape sur le doigt avec un marteau, un enfant qui s'écorche sur des ronces…).

28 janvier

L'instrument d'un comédien, c'est lui-même.
Jacques Charon

Réunis deux ou trois apprentis comédiens pour un mime. Placez-vous en cercle. Avec une baguette imaginaire, tu es… un chef d'orchestre ! Quand ton voisin a deviné, donne-lui ta baguette qui deviendra canne à pêche, fouet d'un dompteur, etc.

Fais la liste des transformations que tes partenaires ont inventées.

La volonté d'Antonin Artaud est de bousculer le théâtre des années 1930 qu'il qualifie de « théâtre d'idiot, de fou… » pour le remplacer par « un théâtre grave qui bouscule toutes nos représentations ».

Si la foule s'est déshabituée d'aller au théâtre, si nous avons tous fini par considérer le théâtre comme un art inférieur, […] c'est qu'on nous a trop dit que c'était du théâtre, c'est-à-dire du mensonge et de l'illusion.

Antonin Artaud

Sur Internet, fais une recherche pour connaître les propos d'A. Artaud sur le théâtre.

30 janvier

Les passions de l'artiste sont pareilles aux fleurs, par leur parfum intense et leur courte durée.

Vicente Blasco Ibanez

Le travail de la voix est lié étroitement au bon placement de la respiration.

Allonge-toi sur le sol et pose ta main sur l'abdomen. Inspire, tu sens ta main se soulever. Garde quelques secondes ton air et expulse-le, la bouche légèrement entrouverte, ta main redescend.
Aide-toi en visualisant une fleur sous ton nez et respire comme si tu voulais la sentir.

Dessine la fleur que tu as choisie.

> *Entre l'histoire et la légende, je choisirai toujours la légende.*
> **John Ford**

Des auteurs tragiques grecs du Vᵉ siècle avant J.-C., trois d'entre eux sont encore joués dans le monde :

Eschyle (-525/-456),
Sophocle (-496/-406),
Euripide (-480/-406).

Il nous reste une dizaine de pièces d'Eschyle (*L'Orestie*), de Sophocle (*Antigone*) et une vingtaine d'Euripide (*Les Troyennes*). La légende attribue une fin étrange pour chacun de ces trois grands tragédiens.

Attribue la bonne légende à chacun de ces auteurs. Si besoin, fais des recherches !

Invité par la famille royale de Macédoine, ______________________ a été déchiqueté vivant par des chiens de garde.

Pour manger des tortues on dit que les aigles les laissent tomber sur un rocher. Un aigle a pris le crâne dénudé du vieil ______________ pour un rocher.

Pour prouver qu'il n'est pas gâteux, ______________________ lit à ses juges *Œdipe à Colone*.

Euripide a été déchiqueté ; le crâne d'Eschyle a été pris pour un rocher ; Sophocle n'est pas gâteux.

Février

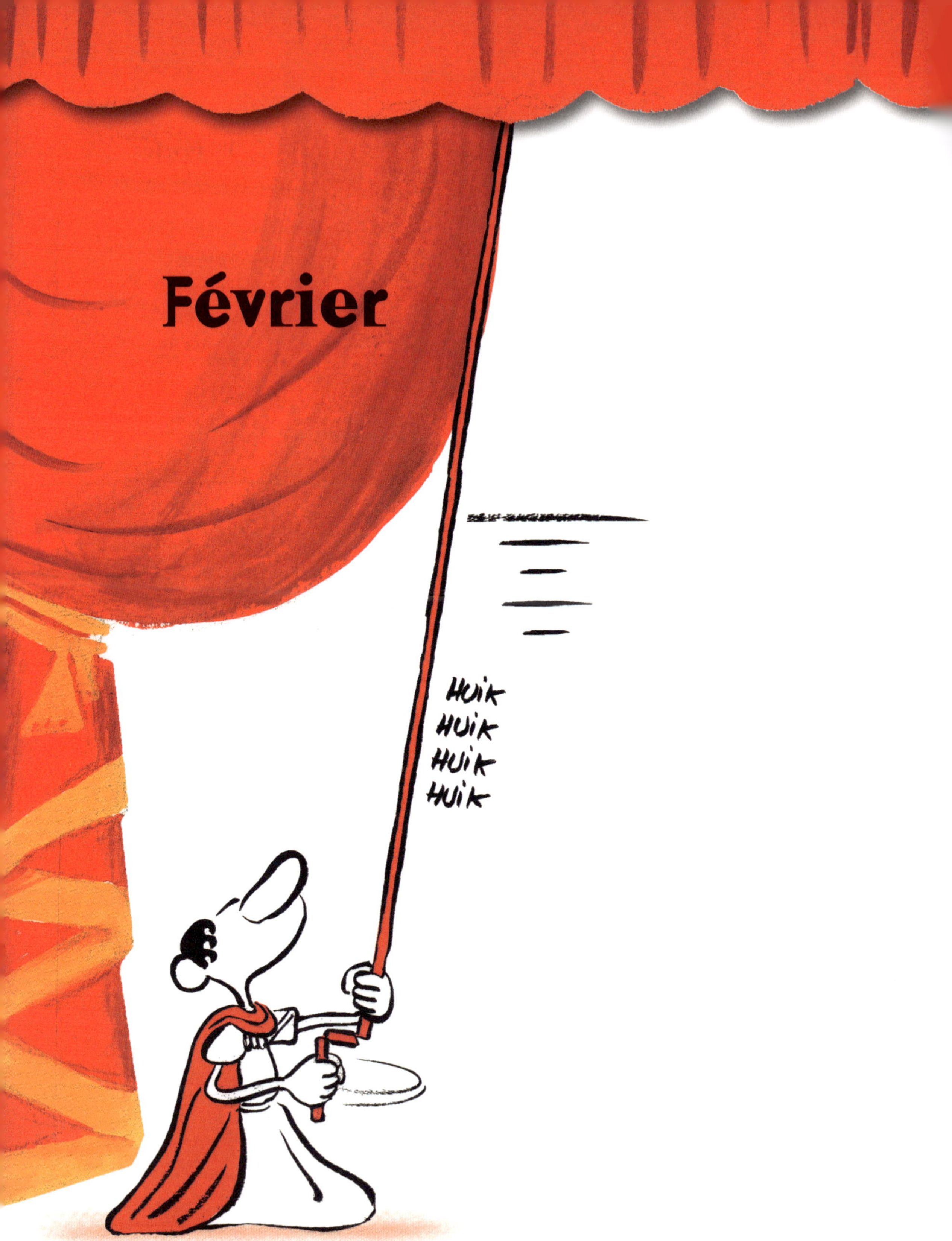

Assouplis ta langue et détends les muscles de ton visage. Fais-la claquer contre ton palais puis tourner à l'intérieur de ta bouche.

Puis joue avec tes yeux : ouverts, plisse-les très fort et relâche-les ; ferme-les, sans te contracter et dirige ton regard vers l'avant.

Termine en mettant tes mains devant tes yeux ouverts, ferme-les, reste un moment dans cette position. Ouvre-les.

Ces exercices te mettent-ils à l'aise pour jouer ?

Il était si laid que, lorsqu'il faisait des grimaces, il l'était moins.

Jules Renard

Ce travail permet ensuite de démarrer une activité vocale.

2 février

> *Le seul menteur du Midi, s'il y en a un, c'est le soleil. Tout ce qu'il touche, il l'exagère.*
>
> **Alphonse Daudet**

L'expression du même nom « C'est l'Arlésienne ! » provient de la pièce écrite par Alphonse Daudet.

Recherche la signification de cette expression, en référence à la pièce.

Dans cette pièce, la belle jeune fille d'Arles que Frédéric aime à la folie, n'arrive jamais au repas de fiançailles. Désespéré, Frédéric se suicide.

Associe les chiffres de 1 à 5 à une phrase
et une action.

► **le chiffre 1** : « À vos marques ! »,
en agitant un drapeau.
► **le chiffre 2** : « Allô maman ! »,
en suggérant un coup de téléphone.
► **le chiffre 3** : « Haut les mains ! »,
en levant les bras en l'air.
► **le chiffre 4** : « Hep ! Taxi »,
en faisant signe de la main.
► **le chiffre 5** : « Aïe ! Aïe ! Aïe ! »,
en se tenant le ventre.
Avec un partenaire, retenez le lien entre
les chiffres et la phrase associée.
Chacun à votre tour, proposez des combinaisons :
1-2-5-4, 5-4-1, 2-3-1-1-5, etc.

Relate les difficultés rencontrées.

Les hommes sont comme les chiffres : ils n'acquièrent de valeur que par leur position.
Napoléon Bonaparte

Vous devez faire preuve d'une grande concentration et coordination entre la mémoire des chiffres et des gestes proposés. Au théâtre, souvent, la mémorisation d'un texte est liée à un geste, un déplacement.

4 février

Aux âmes bien nées,
la valeur n'attend pas
le nombre des années.
Corneille

Au théâtre, il existe deux significations pour le mot « âme » :

- l'âme est la partie centrale dans un théâtre à l'italienne, située dans le cintre, où coulissent tous les fils.
- plus poétiquement, on appelle l'âme du théâtre la petite lumière qui brille sur un plateau en dehors des représentations.

Connais-tu d'autres lieux, où l'on laisse des lumières allumées ?

Dans les lieux de cultes : églises, synagogues, mosquées...

Choisis un texte de théâtre
et colle-le dans l'agenda.

Note ou dessine à côté
de chaque phrase le geste
qui pourrait l'accompagner.

Un texte de théâtre est à voir. Un texte de théâtre est à écouter. Est-ce qu'un texte de théâtre est à lire ?

Francis Huster

6 février

> *Un accessoire a une fonction emblématique : on peut reconnaître un roi à son sceptre, Apollon à son arc…*
>
> **Agnès Pierron**

Certains personnages se reconnaissent à leurs accessoires.

Dresse une liste de personnages et note les accessoires qui les caractérisent.

Personnages	Accessoires
Roi	Sceptre ou couronne
Servante	Tablier

7 février

Originaire de Lyon, Guignol est une marionnette mondialement connue. Laurent Mourguet a inventé Guignol au début du XIXe siècle. Canut au chômage, il ne savait pas écrire mais il savait improviser, sculpter, jouer, captiver !

> *Moi si j'étais maître, je ne voudrais point de domestique.*
>
> **Guignol**

Trouve la signification du mot canut.

8 février

Savoir par cœur n'est pas savoir : c'est tenir ce qu'on a donné en garde à sa mémoire.

Montaigne

Le théâtre, c'est savoir observer le plateau, mais aussi l'autre, son jeu, ses attitudes, pour être le plus en phase avec lui et son environnement.

Deux équipes de deux apprentis comédiens s'affrontent. La première se fige dans une position. La seconde pendant une minute les observe, puis quitte la pièce.

La première en profite pour modifier sept attitudes physiques dans le tableau qu'elle a composé. La seconde doit découvrir les modifications.

Liste les changements que ton équipe a découverts.

Sophonisbe (1634) de Jean Mairet fut la première pièce à proposer « la règle des trois unités » (unité de lieu, unité d'action, unité de temps). Elle servit de modèle à toutes les tragédies qui suivirent.

Qu'en un lieu,
qu'en un jour
un seul fait accompli
tienne jusqu'à la fin
le théâtre rempli.
Boileau

Explique ce qu'est la règle des trois unités.

10 février

J'ai vu un ange dans le marbre et j'ai seulement ciselé jusqu'à l'en libérer.

Michel-Ange

Ta matière n'est ni le bois, ni la terre, ni le fer, mais c'est toi. Réalise une sculpture avec ton corps sur un thème de ton choix.

Demande à ce que quelqu'un photographie tes différentes « sculptures ».

Laquelle est la plus réussie ? Pourquoi ?

> *Un chef-d'œuvre de la littérature n'est jamais qu'un dictionnaire dans le désordre.*
> **Jean Cocteau**

Écris une courte scène d'une vingtaine de répliques avec les contraintes suivantes :

- ► Il faut deux personnages.
- ► Un conflit les oppose.
- ► Le lieu est une plage en bord de mer.

12 février

> *Il m'est souvent arrivé de comparer le travail de metteur en scène à la fabrication subtile d'une mayonnaise. De fait une mise en scène "prend" comme prend une mayonnaise.*
>
> **Jean Louis Barrault**

Reprends la scène que tu as créée hier et propose à deux apprentis comédiens de la jouer.

Comment vas-tu t'y prendre ?

Commence par leur fournir le texte, puis donne-leur tes intentions de jeu, la description de leurs personnages…

13 février

Imagine les décors de ta scène d'hier.

> *Le décor est le costume de la pièce.*
> **Louis Jouvet**

Dessine-les.

14 février

> *Le théâtre peut nous aider à construire notre avenir au lieu de simplement l'attendre.*
>
> **Augusto Boal**

C'est la Saint-Valentin !
Propose à ton amoureux(se), de tenir une pomme serrée entre vos fronts. Mettez-vous à bouger et pourquoi pas à danser.
Attention de ne pas la laisser tomber !

Faites-vous prendre en photos et colle-les dans ton agenda.

N'oubliez pas de croquer la pomme.

En Angleterre, après le règne d'Elisabeth Ière, sous Jacques Ier, le théâtre élisabéthain découvre une nouvelle vague d'auteurs (Ben Jonson, Cyril Tourneur, John Ford). Leurs pièces scandalisent la bourgeoisie très puritaine. Cromwell, leur leader, après avoir pris le pouvoir en 1642, décide d'interdire définitivement le théâtre.

> *Les puritains devraient avoir des feuilles de vigne sur les yeux.*
> **Stanislaw Jersy Lec**

Comment Cromwell s'y prend-il ?

1- Il emprisonne les comédiens.
2- Il fait détruire tous les théâtres.
3- Il bannit et chasse les comédiens hors d'Angleterre.

2- L'Angleterre sera privé de théâtre pendant 18 ans (1642-1660).

16 février

La vie est pièce de théâtre : ce qui compte, ce n'est pas qu'elle dure longtemps, mais qu'elle soit bien jouée.

Sénèque

Fais semblant d'avoir mal à la jambe en arrivant à l'école. Es-tu convaincant ? Tes camarades ne te croient pas ? Peut-être es-tu tombé dans la caricature. Pour éviter ce piège, prends une gomme, pose-la sur ton pied, marche sans la faire tomber. Tu verras que ta posture devient naturelle.

Quelles autres astuces de ce type pourrais-tu imaginer ?

ENCORE PLUS FORT : UN LIVRE SUR LA TÊTE ET UNE GOMME SUR LE PIED

17 février

On doit, au théâtre, faire, avec du faux, plus vrai que le vrai.
François Rancillac

Place la gomme d'hier sur différentes parties de ton corps : crâne, front, épaule, coude, main, etc.

Quelles transformations provoque-t-elle ? Pour chacune d'elles, invente un personnage.

Partie du corps	Transformation	Personnage
Front	Nez en l'air	Roi/reine

18 février

> *Rien d'audacieux*
> *n'existe sans*
> *la désobéissance*
> *à des règles.*
> **Jean Cocteau**

L'expression « retendre la peau des chefs d'œuvres » est de Jean Cocteau qui, dans les années 1920, ne supporte plus la manière dont on représente les tragédies grecques.

Il pense, en effet, que les auteurs de théâtre n'arrivent plus à tirer parti de ces textes. Il décide alors, dans un élan un peu provocateur de réduire *Antigone* et *Œdipe-Roi* en un acte.

Résume en quelques lignes *L'Avare* de Molière.

19 février

Dresse une liste de couleurs.

Rêve ta vie en couleur,
c'est le secret
du bonheur.
Walt Disney

En face de chacune d'elles, écris ce qu'elles évoquent pour toi : le blanc peut inspirer une bataille de boules de neige, l'orange une séance de bronzage sur la plage…

20 février

> *La plupart des régimes peuvent se résumer à cette phrase : si c'est bon, crachez.*
>
> **Fred Metcalf**

Réunis quelques amis. L'un d'entre vous sort de la pièce et les autres choisissent un thème d'improvisation. Quand celui qui est sorti rejoint le groupe, il assiste à la scène. Une fois terminée, il doit résumer ce qu'il a compris.

Quelles différences y a-t-il eu entre l'improvisation et le résumé ?

L'expression « emmener un décor par les cheveux » signifie que le décor est tiré par les fils, vers les cintres.

En vieillissant, les hommes ne deviennent pas plus sages, ils perdent leurs cheveux, c'est tout.
Francis Ford Coppola

Recherche d'autres expressions où les cheveux sont mis à contribution.

22 février

Ce sont les grands défauts qui se dissimulent le mieux. Profonds défauts, profondes cachettes.

Louis Pauwels

Au théâtre, le mot juste est important.

Choisis un mot. Mime une situation où ce mot est l'acteur principal. Ton partenaire doit le découvrir.

Exemple, tu mimes une partie de pêche, le mot à découvrir est « asticot ». Le jeu s'arrête lorsque le mot est trouvé.

Note la liste de tous les mots qui ont été proposés, avant de citer le bon.

Sarah Bernhardt m'a raconté qu'un soir, à l'Odéon, un vieil abonné entra au foyer des artistes, s'approcha d'elle, le front sévère, et lui dit :
– Pourquoi, mademoiselle, reconduisez-vous votre amie vers la porte du fond, en tournant le dos au public ? C'est un manque d'égards pour les spectateurs.
– Ma foi, monsieur, lui répondit Sarah, je vous crois un homme correct et courtois, poli envers les femmes, et je me demande comment vous allez pouvoir sortir du foyer sans me tourner le dos !

Pierre Magnier

Que penses-tu de la remarque de Sarah Bernhardt ?

24 février

Ballotté, manipulé, automatisé, l'homme perd peu à peu la notion de son être.

Vaclav Havel

Avec ton pied droit levé, dessine un cercle dans le vide. En même temps, avec ta main droite, écris ton prénom en l'air.
Pas facile ! Ton pied a tendance à suivre ta main dans son tracé.

À ton avis, que se passe-t-il ?

Essaie d'oublier ton pied. Et si tu fais le même exercice avec le pied gauche ?

En 1970, Ariane Mnouchkine investit avec sa troupe de comédiens un site promis à la démolition. Elle crée Le théâtre du Soleil dans cet espace qui devient La Cartoucherie de Vincennes.

En 1971, son premier spectacle aura un succès considérable : *1789*, une évocation de la Révolution française.

Le théâtre a charge de représenter les mouvements de l'âme, de l'esprit, du monde, de l'histoire.
Ariane Mnouchkine

As-tu déjà entendu parler de cette troupe ? En quelle(s) occasion(s) ?

26 février

Bien écouter,
c'est presque répondre.
Pythagore

Les didascalies sont les indications scéniques qui indiquent le lieu, les mouvements, les intonations, les accessoires, etc. Elles s'adressent au metteur en scène, aux comédiens, aux lecteurs.

Écris une phrase banale et accompagne-la d'une série de didascalies différentes.

Explique le prétexte à ta didascalie.

Ex. : **Jean** *(en colère)* : Oh non… ! Il pleut.
didascalie

RICARDO (AMUSÉ) :
JE SUIS DÉSOLÉ, GÉRARD,
JE NE TE GARDE PAS,
TU JOUES TROP MAL.

GÉRARD (EN COLÈRE) :
GRMPF…

Joue avec tes lèvres. Regarde-toi dans la glace et fais des lèvres rondes, pointues, rentrées, étirées. Fais du bruit avec les lèvres : en les claquant, en sifflant, en envoyant des baisers, en soufflant.

Une fois que les mots ont passé vos lèvres, on ne peut pas les ravaler.
Mary Lawson

Choisis des sons comme « é », « j », « on », « m » et dessine la forme que prennent tes lèvres.

La bonne prononciation est essentielle au théâtre.

28 février

> *Je n'aime de l'histoire que les anecdotes.*
> **Prosper Mérimée**

Avant le IVe siècle, les Romains étaient de grands conquérants. De retour de leurs expéditions, des soldats, masqués à l'aide d'écorces d'arbre taillées, jouaient leurs mésaventures : un vieil avare enfermé dans une jarre ; un jeune soldat maladroit, voulant s'attaquer à une jeune fille, était battu par la mère de celle-ci, grosse matrone.

Choisis l'une de ces anecdotes et joue-la devant ta famille ou des amis.

Demande-leur d'écrire une courte critique et colle la plus élogieuse !

Au théâtre, on utilise beaucoup la lumière. Chaque salle est équipée de projecteurs aux multiples fonctions, d'un jeu d'orgues (tableau de commande des lumières qui sert à les monter, les baisser).

La lumière
est un élément vivant,
l'un des fluides
de l'imagination.
Charles Dullin

Pense à des situations où tu utilises la lumière de différentes manières.

Situations	Lumières
Anniversaire	Éteindre les lumières/Allumer les bougies
Noël	Allumer des guirlandes clignotantes

Mars

Il voyage plus vite
celui qui voyage seul.
Rudyard Kipling

Allonge-toi et détends-toi. Maintenant, transporte-toi dans une cuisine ; observe-la. La couleur des murs, celle des sols. Comment sont les meubles ? Qu'y a-t-il d'autre à l'intérieur ?

Cet exercice te fait ressentir des odeurs, des souvenirs de ton enfance. Il faut savoir fouiller dans sa propre histoire pour alimenter son jeu.

Dessine dans ton agenda la physionomie de la cuisine dans laquelle tes pensées se promenaient.

2 mars

Grande gêne occasionnée par les inondations, on est obligé de faire une annonce et de prier le public de garder ses paletots.

André Antoine

Pendant la Révolution française, « une annonce » était faite par un acteur. Il s'avançait devant le public et donnait le nombre de victimes de la journée sur un fond sonore rythmé par le bruit de la guillotine.

Aujourd'hui, l'annonce sert surtout à demander d'éteindre ses portables !

Rédige une annonce cocasse qu'un acteur pourrait dire avant la représentation.

> *Pour réussir, il ne suffit pas de prévoir. Il faut aussi savoir improviser.*
> **Isaac Asimov**

Voici une phrase de fin :
« Quel film fantastique ! »
et voici une phrase de début qui n'a rien à voir :
« Je vais ramasser des champignons. »

Crée une courte scène entre deux ou trois personnages, qui doit démarrer par la phrase de début et qui doit se terminer, logiquement, par la phrase de fin.

Montre-toi inventif !

4 mars

Il n'y a pas de petits rôles, il n'y a que de petits acteurs.
Constantin Stanislavski

Au théâtre, « jouer les accessoires » signifie jouer un tout petit rôle. On dit aussi « jouer les utilités » ou « jouer des bouts de rôles ».

Choisis une scène de film et relève les rôles accessoires.

Savais-tu qu'Hitchcock avait l'habitude de traverser ses films dans des rôles accessoires ?

La vie est comme un instrument de musique ; il faut la tendre et la relâcher, pour la rendre agréable.
Démophile

Comment traduire une émotion par un instrument de musique ?

Fais la liste des émotions et des instruments proposés.

Émotions	Instruments
Amoureux	Violon
Agressif	Clarinette

6 mars

Les voix ont un pouvoir
étrange sur les mots.
Une seule intonation sur
une syllabe et tout change.
Claire France

Ce travail de l'intonation, du choix des mots à mettre en valeur est important pour comprendre l'interprétation d'un texte.

La **terre** *aime* le **soleil**
Et **elle** *tourne*
Pour se faire *admirer*
Et le **soleil** la *trouve belle*
Et **il** *brille* pour **elle** ;
Et quand **il** *est fatigué*
Il va se *coucher*
Et la **lune** *se lève*.
Jacques Prévert

Dis le poème en insistant sur les personnages et les mots « **il** » ou « **elle** ».
Dis le poème en insistant sur *les actions*, *les sentiments*.

Quelles différences as-tu senties ? L'interprétation est-elle aussi importante que le texte ?

N'importe quel objet peut être un objet d'art pour peu qu'on l'entoure d'un cadre.

Boris Vian

7 mars

Place quelques objets devant toi.
Choisis-en un et déclame une courte scène.
Change d'accessoires et recommence.

Que constates-tu ? En quoi l'objet choisi influence-t-il ton jeu ?

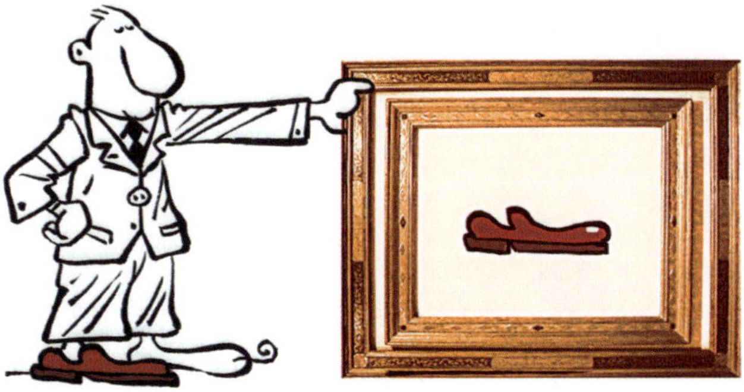

8 mars

> *Pendant cette extravagante tournée, un jour, tout a brûlé… Au plus fort de l'incendie, Jouvet vit Camille, son chef machiniste, se précipiter dans les flammes. Il en sortit… couvert de suie : " Patron, j'ai pu sauver le fauteuil, la canne… et une bourse ". Imperturbable, Jouvet laissa tomber : " Bien, on peut jouer ".*
>
> **François Périer**

Le machiniste est la personne préposée à la manipulation des décors. Ce métier demande de la force et de l'agilité.
Les machinistes sont divisés en brigade : les couriers travaillent côté cour, les jardiniers côté jardin, les cintriers dans les cintres, les soutiers sous la scène.

Pourquoi, chez les machinistes, il est interdit de prononcer le mot « corde » ?

Parce qu'à l'origine les machinistes sont d'anciens marins. Ce mot porte malheur dans la marine car les rats embarqués dans les bateaux rongeaient les cordes.

> *Je me suis résolu*
> *à demander*
> *aux marionnettes*
> *ce que je n'attends*
> *plus des hommes.*
> **Gaston Baty**

Place ton partenaire devant toi et monte sur un tabouret. Pince entre le pouce et l'index un fil imaginaire. Tire sur ce fil, comme si tu voulais faire bouger une partie de son corps. Quand tu ouvres la pince de tes doigts, il s'immobilise. Amuse-toi à le faire marcher, tourner la tête, ramasser un objet. Inversez les rôles.

Ce jeu permet d'apprendre à répondre avec ton corps à la volonté de ton partenaire.

Dessine les mouvements que tu as fais faire à ton « pantin ».

10 mars

> *Plus contagieuse*
> *que la peste,*
> *la peur se communique*
> *en un clin d'œil.*
>
> **Nikolaï Gogol**

Au milieu du IVe siècle avant J.-C., Rome subit une épidémie de peste. Les Étrusques, emprisonnés par les Romains, prétendaient connaître des jeux scéniques (mime, danse, prestidigitation, féerie…) pouvant guérir cette maladie. On leur demanda alors de se produire sur les places publiques.

Recherche un autre exemple où le théâtre s'empare d'un fait de société.

S'opposer n'est autre que proposer. Une opposition sans proposition n'est qu'un mouvement d'humeur.

Robert Sabatier

11 mars

Réunis quelques amis. L'un d'entre vous propose une phrase qui commence par « C'est vrai que… », un autre joueur doit obligatoirement répondre par « Oui,… ».
Exemple : « C'est vrai que tu as été sur la Lune ? »
« Oui, j'ai fait partie de la première expédition. »

Il faut apprendre au théâtre à ne pas refuser les propositions de jeu.

Note les phrases commençant par « c'est vrai que » et les réponses apportées.

12 mars

Pagnol […] assista à la dernière répétition de César, […], et interdit la représentation parce que l'interprétation était lamentable : "Je ne voudrais pas un bide, comprends-tu, au lendemain de mon élection académique !"

Jean Galtier-Boissière

L'expression « prendre un bide » signifie qu'une pièce n'a pas eu de succès.
On dit aussi : « faire un four », « ramasser une gamelle ».

Pourquoi, en cas de succès, dit-on « faire un malheur » ou « casser la baraque » ?

Les spectateurs, en manifestant trop fort leur joie, risquent de détruire le théâtre.

Les questions qui ne se donnent pas de réponse elles-mêmes en naissant n'obtiennent jamais de réponse.

Franz Kafka

13 mars

Vous êtes deux apprentis comédiens.
L'un d'entre vous mime un objet.
Dès que l'autre a trouvé,
il doit mimer à son tour l'élément
qui le complète.

Inscris toutes les idées trouvées.

Objets proposés	Compléments trouvés
Table	Chaise
Ordinateur	Souris
Coffre	Clé

Quand vous avez un succès, enfermez-vous dans votre atelier et travaillez.

François Pompon

« L'Atelier », c'est le beau nom que choisit Charles Dullin pour sa troupe en 1921. Pour lui, il s'agit d'abord d'une école de comédiens où l'enseignement est centré sur le corps.

Quelques élèves célèbres en sont sortis, comme : Jean-Louis Barrault, Jean Vilar, Jean Vitold, Jean Cuny, Jean Marais, Madeleine Robinson, Jean Dufilho, Jean-Marie Serreau, Claude Régy. Cette école existe toujours.

Recherche des écoles de théâtre connues.

Trouver d'abord,
chercher après.
Jean Cocteau

Réunis trois amis. Commence un dessin puis passe-le à ton voisin qui le complète… et ainsi de suite.
Le jeu se termine quand ton dessin te revient.

Il est très utile au théâtre, d'apprendre à se mettre au service de l'idée d'un autre.

Dessine ta proposition de départ et colle le dessin final.

16 mars

Dans une réunion de beaux esprits où se trouvaient La Fontaine, Boileau, Molière, on discutait sur les apartés, que plusieurs trouvaient inutiles et peu naturels. La Fontaine surtout se déchaînait contre leur invraisemblance, et ne pouvait comprendre qu'on fit dire tout bas des paroles que l'interlocuteur n'entendait pas.

Boileau, pendant ce temps, disait tout haut : " Le butor de La Fontaine ! L'entêté, l'extravagant, que ce La Fontaine ! " sans que le fabuliste y prît garde tant il mettait de vivacité dans son dire. Tout le monde parti d'un grand éclat de rire dont La Fontaine demanda la cause : " Vous déclamez contre les apartés, lui dit Boileau ; il y a une heure que je vous débite aux oreilles une kyrielle d'injures sans que vous y ayez fait attention. " Le procès était jugé.

Bouchard

L'aparté est un petit texte prononcé à mi-voix que l'on se dit à soi-même mais aussi au public. Les autres comédiens sont censés ne pas l'entendre.

Repère les apartés, dans la scène 2 de la pièce *L'affaire de la rue Lourcine* de Labiche et écris-les.

Les apartés et le texte se répondent :
(… Il a son pantalon) Où est donc mon pantalon ?… (Le regardant) Tiens ! je suis dedans !…

La superstition est la poésie de la vie, c'est pourquoi il n'est pas mal que le poète soit superstitieux.

Goethe

Le vert est une couleur interdite au théâtre. Patrice Chéreau avait fait scandale à Bayreuth, en 1976, avec sa mise en scène de *La Tétralogie*. Le décor n'était autre que les véritables arbres (verts !) de la forêt de Franconie.

Quelles sont les raisons des pouvoirs maléfiques du vert ?

Peut-être les effets nocifs de la teinture verte élaborée à base d'oxyde de cuivre : des comédiens habillés en costume vert auraient trouvé la mort. Ou peut-être parce qu'au Moyen Âge, le personnage de Judas, le traître, était représenté en vert ?

18 mars

Il faut se méfier des comiques, parce que quelquefois ils disent des choses pour plaisanter.

Théophile Gautier

Tu connais les films comiques du cinéma muet de Charlie Chaplin. Déjà au IIIe siècle avant J.-C., les habitants d'Atella en Italie se spécialisaient dans des farces villageoises appelées les « atellanes ».

Ils créaient des personnages comiques masqués comme Maccus, paysan buveur et têtu, Pappus, vieillard avare… Chaplin s'en est peut-être inspiré !

Imagine une galerie de personnages comiques.

L'œuvre d'art, c'est une idée qu'on exagère.
André Gide

Invente un roman-photo à trois personnages que tu découperas en cinq tableaux. Voici une contrainte importante : les trois personnages doivent être présents dans chaque tableau.

Pour que ton roman-photo fonctionne, il faut accentuer les attitudes physiques de chaque personnage de façon à ce qu'ils soient parlants.

Écris ton roman photo en cinq tableaux, mets en scène tes personnages.

Colle ici la photo de tes personnages.

*Les femmes préfèrent
être belles plutôt
qu'intelligentes parce que,
chez les hommes,
il y a beaucoup plus
d'idiots que d'aveugles !*

Yvonne Printemps

C'est le printemps ! Yvonne Wigniolle (1895-1977), devenue Yvonne Printemps, est une actrice douée, fort jolie.

Elle débute dans la comédie aux Bouffes-Parisiens où elle joue dans une pièce de Sacha Guitry qui devient son mari.

Guitry la fait jouer mais la tient à l'écart du cinéma. Elle y arrivera en 1935 lorsqu'elle rencontre Pierre Fresnay. Avec lui, elle vivra et jouera dans de nombreux films.

Quel nom de scène choisirais-tu ?

Qu'on écrive un roman ou un scénario, on organise des rencontres, on vit avec des personnages ; c'est le même plaisir, le même travail, on intensifie la vie.

François Truffaut

21 mars

Cherche un thème, par exemple la visite d'un musée.
Note toutes les idées qui te viennent.
Écarte celles trop terre à terre et commence à construire un scénario original. Par exemple, un tableau dans un musée se met à prendre vie…

Écris ton ébauche de scénario ici.

22 mars

Le premier acte commence à prendre forme, le deuxième est encore un peu flou et nous nous mettons au troisième lundi – demain – après un travail à l'italienne hier.

Jean Cocteau

« L'italienne » est une répétition qui sert à vérifier que l'œuvre est bien mémorisée. Le texte est dit rapidement. Pourquoi cette expression ? Car les Italiens parlent très vite bien sûr !

Trouve la signification de ces deux expressions : « théâtre à l'italienne », « comédie italienne ».

Le beau, c'est le vrai bien habillé.
Honoré de Balzac

Le costume est un élément important pour donner vie à un personnage et le rendre crédible.

23 mars

Dispose au milieu de la pièce des tissus, des vêtements, des accessoires, des chapeaux.

Répartissez-vous en groupe de trois acteurs, l'un devient le mannequin et les deux autres, les couturiers.
Habillez le mannequin et faites-le défiler.
Puis inversez les rôles.

Colle la photographie du costume le plus réussi.

On ne peut compter que sur ses doigts.

Ylipe

24 mars

La « palliata » se déroule sur les places publiques. Les spectateurs, debout, ne voient pas toujours très bien, d'où la nécessité de créer des codes. Le maquillage, la façon de se déplacer indiquent qu'il s'agit soit d'un vieillard, soit d'un jeune homme. De grandes oreilles suggèrent la méchanceté, un teint hâlé l'état amoureux. On invente même des jeux de doigts : le petit doigt dressé à la hauteur des cheveux signifie « j'attends la réponse ».

IL FAUT LE SAVOIR :
AU THÉÂTRE, DOIGT LEVÉ = J'AI OUBLIÉ MON TEXTE

Crée ton code avec des jeux de doigts : « j'ai oublié mon texte », « tu es décoiffé », etc. Dessine-le.

Les artisans du spectacle rivalisent de fantaisie et d'imagination dans l'invention de formules colorées qui font mouche.

Agnès Pierron

Lors d'une répétition, l'expression, « filer dans ses bottes » signifie pour un comédien : ne pas se donner à fond, mais dire la totalité d'un texte. Le filage permet de vérifier que tout est bien en place (mise en scène, lumières, décors, sons…).

Trouve d'autres expressions inspirées par les mots « fil » et « filer » et note-les ici.

Mais en dehors du théâtre, est-il une vie ?
Gaston Baty

En 1927, quatre grands noms du théâtre **Louis Jouvet**, **Charles Dullin**, **Gaston Baty**, **Georges Pitoëff**, décident de s'associer. Ils forment le « Cartel », dont le but est de gérer en commun leurs différents théâtres. Une idée neuve pour l'époque !

De ces quatre personnes :

1- Laquelle n'a jamais monté Molière ? ______________________

2- Laquelle n'est pas comédien ? ______________________

3- Laquelle a monté une école de comédiens ? ______________________

4- Laquelle n'a jamais monté Shakespeare ? ______________________

JOUVET, DULLIN, PITOËFF, BATY : QUATRE GARÇONS DANS LE VENT

Louis Jouvet -4-, Charles Dullin -3-, Gaston Baty -2-, Georges Pitoëff -1-

Prenez un cercle, caressez-le, il deviendra vicieux !

Eugène Ionesco

Fais un cercle avec la main droite.
C'est facile. Puis fais une croix avec la main gauche. Encore plus facile.
Maintenant fais les deux en même temps.
C'est presque impossible !

Décris les obstacles que rencontre ton corps.

Ces exercices qui dissocient les différentes parties du corps sont très utiles au théâtre. Ils permettent de bien prendre conscience de son corps, par les limites qu'il impose.

28 mars

(Représentation : Un caprice, d'Alfred de Musset) […] Le public, clairsemé, protestait contre un monsieur qui, sans respect pour l'auteur et les acteurs, ronflait très fort dans sa baignoire. […] Le placeur […] trouva, parfaitement endormi, qui ? Alfred de Musset en personne.

Jules Claretie

La « baignoire » est une loge située au fond du parterre. Il y fait très chaud. Elle est souvent utilisée pour s'y cacher.

Trouve les noms des places où le public s'installe dans les salles de théâtre.

Tout mouvement de quelque nature qu'il soit est créateur.

Edgar Allan Poe

Réunis trois apprentis comédiens.
Mettez une musique que vous aimez.
Chacun votre tour, bougez une partie de votre corps : expressions du visage, regard, etc.

Citez les musiques proposées et filmez-vous. Alors, comment trouvez-vous le résultat ?

30 mars

Les arènes gonflées
d'une foule en délire
regorgent de couleurs
et d'âpre envie de sang.
Gilbert Bécaud

Le premier théâtre « en dur » a été construit à Rome par Pompée en 55 avant J.-C. À l'époque gallo-romaine Lutetia (anciennement Paris) comptait aussi des théâtres en dur : les arènes de Lutèce et un amphithéâtre, à la place de l'actuelle faculté de Jussieu.

Pour quelles raisons ces théâtres étaient construits près de la Seine ?

La proximité de la Seine permettait d'y jeter les cadavres des animaux féroces, tués par les gladiateurs.

La mémoire est souvent
la qualité de la sottise.
Chateaubriand

Trouve un court article de presse relatant un fait divers d'une dizaine de lignes. Lis-le et écris, de mémoire, le contenu. Quelques jours après, réécris-le sans l'avoir relu. Recommence quelques jours plus tard.

Il faut savoir ce qui est essentiel à mémoriser.

Colle l'article de presse à côté de ton tout dernier texte. Alors ? Ta mémoire t'a-t-elle trahi ?

Avril

*[La blague de théâtre consiste]
tout simplement dans le jeu,
soit de déconcerter le partenaire
par une plaisanterie dont
les spectateurs ne se rendront
pas compte, […] soit de provoquer
chez lui le fou rire par une allusion
à laquelle il sera d'autant plus sensible
qu'on la lui décochera en scène…*

Mady Berry

Poisson d'avril ! La blague de théâtre se pratique encore chez les comédiens du « Boulevard » (appellation hautaine donnée au théâtre ambulant : les boulevards de Paris où se trouvaient ces théâtres n'étant pas les endroits les plus chics, mais plutôt des lieux de plaisirs.)

Invente une blague que tu pourrais faire à un partenaire sur scène.

La chaise est un retranchement merveilleux contre les insultes de la boue.

Molière

Prends une chaise et tourne-la dans tous les sens, elle doit devenir autre chose qu'une chaise. Un pied peut se transformer en canon d'une mitrailleuse. Le dossier en guichet de banque…

Trouve au moins cinq détournements possibles et raconte-les.

Reprends la chaise d'hier et transforme-la en traîneau tiré par des chiens. Fais-les jouer par tes partenaires et deviens le conducteur. N'oublie pas ton fouet !

Seuls les gens qui agissent existent.
Claude Lelouch

Photographie la scène la plus réussie et colle-la dans ton agenda.

La pièce était sue et l'on avait fixé au lendemain cette dernière répétition particulière… qu'on nomme " la répétition des couturières"…

Anatole France

Une « couturière » : ce mot fait partie du vocabulaire de la scène, des coulisses et de la salle, en un mot… du théâtre !

Cherche la signification détaillée de ce mot.

Écris une phrase très simple, par exemple :
« Il fera très beau demain ».

Dis cette phrase de différentes manières et enregistre-toi : en bégayant, en zozotant, en riant, en pleurant, en ayant peur, en somnolant, en claquant des dents de froid, avec une voix aiguë, avec une voix grave, comme un présentateur de télé, comme un reporter de match de foot, en imitant un accent étranger…

Le timbre de la voix nourrit l'imagination.
Tahar Ben Jelloun

Alors, la phrase reste-t-elle la même ? Raconte.

6 avril

L'amour rend aveugle. L'amour doit rendre aveugle ! Il a sa propre lumière. Éblouissante.

Daniel Pennac

Un « aveugleur » : ce mot désigne une rampe lumineuse, placée devant la scène et dirigée vers la salle. Sa fonction était d'éblouir le public au moment des changements de décors.

Pourquoi ce procédé n'est-il plus utilisé ?

Il était trop agressif et donnait l'impression de « punir » le public.

Demande à deux camarades de faire tourner une corde à sauter imaginaire. Puis un troisième s'élance et saute en respectant le mouvement. Quand tout le monde est coordonné, on peut presque voir la corde.

La vision est l'art de voir les choses invisibles.
Jonathan Swift

Invente d'autres actions à réaliser sans objet : sonner les cloches, pagayer, scier un arbre...

Le théâtre est l'art de la fiction, où le comédien doit réussir à faire rêver.

8 avril

> *La mort, je l'ai vue de près… Eh bien, elle ne gagne pas à être connue ! Elle a une sale tête de mort !*
>
> **Henri Jeanson**

Gérard Philipe est un immense acteur. Au théâtre, il remporte de grands succès en jouant un répertoire classique.

Au cinéma, il devient une idole en interprétant *Fanfan la Tulipe* de Christian-Jaque avec Gina Lollobrigida. C'est un acteur engagé ; il est résistant et signe en 1950 la pétition de l'appel de Stockholm contre l'armement nucléaire. Il meurt en 1959 et est enterré dans le costume de Don Rodrigue (*Le Cid,* de Corneille) au petit cimetière de Ramatuelle, près de Saint-Tropez.

Procure-toi le film « Fanfan la Tulipe » et regarde jouer ce grand acteur. Dans quels autres films a-t-il tourné ?

GÉRARD PHILIPE IS… JULIEN SOREL

Ménandre (-343/-292) est un grand auteur comique grec. Il écrit une centaine de pièces, mais une seule nous reste complète : *Le Dyscolos*. La comédie peint des « caractères » qui existent dans la réalité comme *Le Misanthrope* ou *L'Avare* de Molière.
Ce dernier s'est beaucoup inspiré de Ménandre.

Rien de ce qui est humain ne m'est étranger.
Ménandre

Invente des « caractères » qui pourraient dépeindre la société actuelle.

L'âme n'aurait pas d'arc-en-ciel, si les yeux n'avaient pas de larmes.
John Vance Cheney

Ces exercices de relaxation sont très utiles pour pouvoir être totalement disponible au travail théâtral.

Reprends l'exercice de la journée du 3 janvier. Ferme tes paupières et visualise les sept couleurs de l'arc-en-ciel.

Le rouge est signe de force et de vigueur.
L'orange te fait penser au fruit plein de vitamines.
Le jaune t'entraîne vers la gaieté, le rire.
Le vert te fait imaginer l'herbe d'une pelouse tondue, tes pensées sont claires, calmes, paisibles.
Le bleu du ciel te donne une impression de liberté, d'évasion.
L'indigo est goûteux comme une prune, il t'emmène vers le violet, couleur de plénitude et d'harmonie.

Choisis une musique pour accompagner ton travail sur les couleurs. Décris tes sensations.

11 avril

> *Au sourd, l'œil sert d'oreille.*
> **Proverbe italien**

Un jeune étudiant de 19 ans, Jack Lang, fait partie d'une troupe de théâtre étudiante qui donne naissance en 1964 au Festival de Nancy.

Pendant une vingtaine d'années, ce festival dont l'importance est capitale fait venir des compagnies de théâtre étrangères : le « Bread and Puppet », « El Teatro Campesino ». Il permet la venue de metteurs en scène aussi importants que Bob Wilson, Jerzy Grotowski, Tadeusz Kantor.

Quel spectacle de Bob Wilson a marqué ce festival ?

Le Regard du sourd, spectacle de plusieurs heures qui raconte la rééducation d'un jeune sourd-muet (présent sur scène) sous forme de tableaux surréalistes et d'images baroques.

Le vrai miracle n'est pas de marcher sur les eaux ni de voler dans les airs : il est de marcher sur la terre.

Houi-neng

Cet exercice, avec une consigne simple comme la marche, te permet de rentrer dans un jeu d'acteur.

Réunis quelques apprentis comédiens. Mettez-vous tous à marcher. En cours de marche, donnez-vous des contraintes : boiter comme un vieillard, se déplacer comme un bébé, tituber comme un ivrogne…

Note les transformations des uns et des autres.

LA MARCHE DE L'EMPEREUR

En Russie, Constantin Stanislavski (1863 -1938) marque le théâtre soviétique et du monde entier par son travail sur la pédagogie de l'acteur.

Il a écrit *Ma vie dans l'art* en 1924 et de nombreux ouvrages sur la formation du comédien. Il fonde le Théâtre d'art de Moscou en 1898 qu'il dirigera durant quarante ans.

La brièveté est sœur du talent.
Anton Tchekhov

Connais-tu des auteurs russes ? Lesquels ?

Il faut prendre la balle au bond.
Proverbe français

Réunis quelques amis. Faites un cercle. Frotte tes mains l'une contre l'autre en faisant semblant d'avoir une balle. Lance-la à un partenaire en disant « rouge ». Celui qui la reçoit répète « rouge ».

Quand la balle circule bien, envoie une balle d'une autre couleur. L'un de vous peut se trouver en possession de deux balles ; dans ce cas, il prononce les deux couleurs. À la fin du jeu, interrogez-vous pour savoir qui est en possession des balles.

Note les réactions et les difficultés rencontrées.

Dario Fo, prix Nobel de littérature en 1997, comédien italien, a écrit en 1967 une pièce d'un comique virulent, *La Signora e de buttare* (Cette dame est à jeter) qu'il sous-titra « Comédie pour clowns seulement ».

Le clown est l'une des clés fondamentales du théâtre, car il n'y a pas de théâtre possible si, au préalable, n'ont pas été acquises les techniques expressives et gestuelles qu'un clown est en mesure de maîtriser.

Dario Fo

Lis *Faut pas payer !* une des pièces qui le fit connaître. Comment as-tu trouvé son humour ?

*Apprendre un rôle par cœur représente
la partie de son métier la plus mécanique,
celle qui ne compte pas et celle qui pourtant
commande son talent. Sans mémoire,
il ne peut s'identifier à son personnage…*

Béatrice Bretty

Mémorise cette longue citation.

Pour t'aider à la retenir, fais la liste des gestes
que tu pourrais associer à certains mots (ou groupes de mots).

Mots/groupes de mots	Gestes
Cœur	Main sur le cœur
Mécanique	Bouger les mains mécaniquement
Mémoire	

Certains comédiens se spécialisent, ils deviennent clowns.

Réfléchis à ce texte de Pierre Etaix sur le clown. Que te dit-il ?

Tu peux aussi voir ses films.

Si le clown est triste, c'est tout simplement parce qu'il est mal payé.
W.C. Fields

« D'abord un clown est un clown, et un auguste* un auguste, et pourtant un clown et un auguste ensemble sont des clowns. Les clowns ne font pas un numéro, mais des entrées. Faire le clown ça n'existe pas, on naît clown ou on n'est pas. C'est un état, c'est un métier aussi. Rude métier ! [...]

N'est pas clown qui veut, Dieu merci ! Il y a des clowns célèbres, et enfin d'illustres inconnus. Mais tous sont généralement méconnus. Ils n'en souffrent pas du tout. Ils sont pourtant si cabots et si humbles à la fois. Ils ne s'accordent entre eux que peu de talent, peu de mérites, mais ils s'estiment réciproquement. Ils savent tous qu'ils font « le plus beau métier du monde ».

Et si vous n'étiez pas clown que seriez-vous ?
Mais si je n'étais pas clown je ne serais pas. »

Pierre Etaix

* L'auguste est le clown « burlesque » contrairement au clown blanc, qui tient un rôle plus « sérieux ».

> *Je ne suis capable de fantaisie que dans l'ordre.*
>
> **Colette**

Ce jeu permet au groupe de se connaître, de communiquer, de prendre conscience de l'espace.

Réunis quelques amis. Demande à chaque apprenti comédien d'énoncer son prénom, son âge.
Puis, à ton signal, le groupe doit se ranger par ordre croissant ou décroissant d'âge ou par ordre alphabétique de prénom.
Continue l'exercice en proposant de vous placer à la queue leu leu en respectant la longueur des cheveux, la taille…
Le travail se fait en silence.

Prends des photos des différents classements et note les prénoms de tes camarades.

N'OUBLIEZ PAS DE BIEN CHOISIR VOTRE COSTUME POUR CE JEU

L'affiche est le moyen de publicité le plus utilisé au théâtre. Plusieurs expressions sont liées à ce mot : « être à l'affiche », « tête d'affiche ». La plupart se comprennent facilement, certaines moins.

> *L'affiche doit être un télégramme adressé à l'esprit.*
>
> **Paul Colin**

Trouve d'autres expressions avec le mot « affiche » et écris leurs définitions.

« Faire l'affiche », c'est savoir placer les noms des participants à un spectacle. « Tenir l'affiche », c'est faire durer une pièce le plus longtemps possible. « Quitter l'affiche », c'est une pièce qui se termine ou un acteur qui cesse de jouer.

> *Monsieur le Président-Directeur-Général : l'alexandrin le plus riche.*
>
> **Anonyme**

L'alexandrin est le vers français de la tragédie classique du XVIIe siècle. Ce vers est constitué de douze syllabes.

Écris un texte de cinq vers en te conformant à la technique de l'alexandrin.

UN ALEXANDRIN EST UN VERS DE 12 PIEDS

Réunis quelques amis. Déambulez dans l'espace en faisant des gestes exagérés. Puis l'un d'entre vous claque dans les mains, tous les participants se figent.

À tour de rôle, inventez une phrase inspirée par votre position. Le bras levé, tu peux faire signe à un taxi en disant : « Hep ! Taxi ! » ou demander à ton professeur une explication : « Monsieur, je n'ai pas compris ! »

Caressez longuement votre phrase et elle finira par sourire.
Anatole France

Fais les croquis des positions de chacun et écris les phrases correspondantes.

> *Si la presse n'existait pas, il faudrait ne pas l'inventer.*
>
> **Honoré de Balzac**

Charles Dullin, grand homme de théâtre, monte *Les Oiseaux* en 1928, *La Paix* en 1932, *Plutus* en 1938. Pour la représentation de la pièce *Les Oiseaux*, il décide de fermer la porte de la salle de spectacle dès le début de la pièce. Un critique ne peut entrer.
Scandale ! La presse refuse de parler de la pièce. Les gens de théâtre ripostent en supprimant leurs publicités dans les journaux. La presse cède.

Rédige un encart publicitaire pour promouvoir une pièce que tu connais.

Souffle doucement et le plus longtemps possible en simulant un fil qui sort de ta bouche. Attention ! Tu dois limiter ton débit d'air pour ne pas t'asphyxier. Essaie ensuite de lire un texte en reprenant ta respiration le plus tard possible.

La vie c'est du vent
qui nous souffle
les rêves d'enfant.
Marc Lavoine

Écris le texte que tu as choisi et, à l'intérieur, marque d'un trait les différents endroits où tu as repris ta respiration. As-tu progressé ?

Il n'y a rien de mal à imiter, l'essentiel est de savoir pourquoi on le fait.

Constantin Fédine

Pendant vingt-quatre siècles, les auteurs de théâtre imitent les œuvres classiques. Les Latins les adaptent à leur manière. Au Moyen Âge, les moines érudits recopient les tragédies grecques. À la Renaissance, on s'en inspire. Le théâtre grec est imité : Corneille écrit *Médée*, Racine *Iphigénie*, Voltaire *Œdipe*. Ce n'est qu'à la fin du XIXe siècle que la Comédie Française joue Sophocle ou Euripide, traduits en alexandrins.

RACINE ET CORNEILLE = GROS COPIEURS !!!

Choisis un texte que tu aimes et réécris-le en imitant son style.

Fais une toilette imaginaire. Retrouve les gestes habituels, le plus précisément possible : se laver les dents, se savonner le visage, se coiffer, etc. Maintenant, choisis un animal, glisse des indices pouvant laisser deviner ton choix.
Par exemple, lèche ta main comme un chat.

Je me sers des animaux pour instruire les hommes.
Jean de La Fontaine

Mime-le devant ta famille et écris les conseils que tes proches t'ont apportés.

Notre morphologie est différente de celle d'un animal. Il faut se faire une idée précise de ce que le corps permet, s'interdire les cris, mais veiller à être précis dans ses gestes.

Le talent d'un auteur consiste moins à faire applaudir ses pièces qu'à empêcher le public de tousser.

Marcel Achard

Les applaudissements marquent la satisfaction du public pour le spectacle proposé. On frappe les deux mains l'une contre l'autre. Mais on peut aussi applaudir de différentes manières : les sourds agitent les mains de chaque côté de la tête ; les Romains, quant à eux, portaient les deux mains à leur bouche ou croisaient les pouces en élevant les mains.

Recherche ce que signifie « faire la claque » dans le jargon du théâtre.

Invente une série de bruitages : ronflements, bruits de pas, bruit du vent, cui-cui, toc-toc-toc. Puis écris un texte en intégrant les bruitages proposés, une ou plusieurs fois.

Pas d'aile, pas d'oiseau,
pas de vent, mais la nuit,
rien que
le battement d'une
absence de bruit.
Eugène Guillevic

Lis ton texte avec les bruitages. Enregistre le résultat.

> *Il est dangereux d'admettre le public dans les coulisses. Il perd facilement ses illusions, puis il vous en tient grief, car c'est l'illusion qu'il aime.*
>
> **Somerset Maugham**

Le pendrillon est un rideau, la plupart du temps en velours noir, placé de chaque côté du plateau. Les pendrillons forment des coulisses où accessoires et comédiens peuvent se dissimuler.

Que peut bien vouloir dire « se torchonner dans les pendrillons » ?

Cette expression inventée par les machinistes signifie dormir sur place car un décor doit être monté ou démonté en urgence.

Imagine, au sol, une boule de la grosseur d'un ballon de football. Baisse-toi et soulève ce poids que tu poses sur ton ventre. Tu dois sortir ton ventre pour faire tenir le ballon en équilibre. Tu deviens un énorme personnage obèse. Ensuite, pose le ballon sur ton front, ta poitrine, sous les bras.

L'acteur est comme ces boules de verre avec de la neige à l'intérieur : il passe son temps à secouer ses émotions.

Gary Oldman

Décris les transformations de ton personnage.

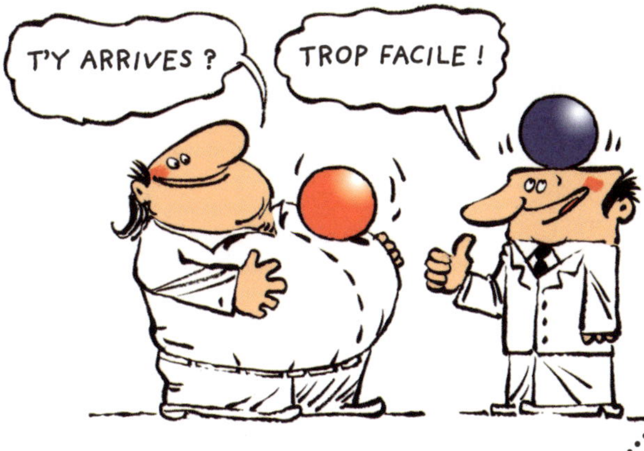

> *Faut-il s'étonner que des élèves à peine sortis d'un cours d'art dramatique [...] entrent en transe et aboutissent à ne donner que des spectacles d'amateurs ?*
>
> **Charles Dullin**

L'amateur de théâtre est une personne qui va au théâtre le plus souvent possible. Le théâtre amateur propose des spectacles devant des amis. Souvent on lui reproche d'imiter le théâtre professionnel et de « cabotiner ».

As-tu déjà fait du théâtre en amateur ? À quelle occasion ?

Mai

> *Traitez les gens comme des cochons et vous obtiendrez un travail de cochons. Traitez les gens comme des hommes et vous obtiendrez un travail d'hommes.*
>
> **Harriet Beecher Stowe**

Rien de tel pour célébrer la fête des Travailleurs que de regarder une nouvelle fois ce chef-d'œuvre de Charlie Chaplin *Les Temps modernes* !

Que dénonce ce film ?

Joue un chien affamé. Ton partenaire tient le rôle de l'os. Laissez l'improvisation se développer au gré de votre imagination. À aucun moment, vous ne devez vous faire mal ou vous sentir en danger.

> *Un chien mord un homme, c'est un fait divers. Un homme mord un chien, c'est un scoop.*
> **Lord Beaverbrook**

Raconte où cette improvisation vous a conduits.

Le but de cette improvisation est de faire prendre conscience de l'importance d'agir avec respect et attention vis-à-vis de l'autre.

3 mai

> *Le théâtre c'est le souffleur.*
> *D'abord il n'y a que lui*
> *qui sait toute la pièce.*
>
> **Jean Anouilh**

Lorsqu'un comédien avait un trou de mémoire le souffleur lui envoyait le mot ou la phrase dans un souffle, pas trop fort, afin de ne pas être entendu de la salle. Aujourd'hui, les metteurs en scène ont fait disparaître les souffleurs.

À partir du XIXe siècle, où était placé le souffleur sur le plateau ?

À l'avant-scène, il y a un trou que l'on appelle le « trou du souffleur ».

Imagine que tu es une bougie. On t'allume. Toutes les parties de ton corps vont fondre tour à tour, en commençant par le haut jusqu'à se répandre hors du bougeoir.

Mieux vaut allumer une bougie que maudire les ténèbres.

Lao-Tseu

Décris les sensations que t'a inspirées ce travail.

Il est important que tu fasses ce travail d'assouplissement très lentement.
Ton corps est comme un instrument au service de ton imagination.

5 mai

> *Si une patte de lapin porte bonheur, qu'a-t-il bien pu arriver au lapin ?*
>
> **Jean-Loup Chiflet**

La patte de lièvre, sorte de houppette en vraie fourrure, servait à étaler le maquillage. Cet objet était le dernier à être touché par les comédiens, qui le considéraient comme un porte-bonheur, avant d'entrer en scène.

Pourquoi les comédiens ressentaient-ils le besoin de conjurer le mauvais sort ?

« Lapin » ou « lièvre » font partie des mots interdits sur un plateau, comme sur un bateau. Le lapin est un rongeur qui peut être dangereux pour les fils ou cordages. Les comédiens détournent cet interdit en touchant la patte de lièvre.

6 mai

> *Chacun de nous est un gouffre ; on a la tête qui tourne quand on regarde au fond.*
>
> **Georg Büchner**

Georg Büchner (1813-1837), étudiant allemand en médecine, lit Shakespeare et se passionne pour la Révolution française. Il écrit trois pièces : *La Mort de Danton* (1835), *Léonce et Léna* (1836) et *Woyzeck* (1836), le premier drame dont le héros est un prolétaire. Il est aussi diplômé en médecine. Après avoir créé un club révolutionnaire, il doit fuir le grand-duché de Hesse et se réfugier à Strasbourg. Il meurt du typhus.

Pourquoi sa mort est-elle due aux poissons qu'il disséquait pour étudier le système nerveux ?

Les cadavres des poissons, en pourrissant, lui ont donné le typhus.

Je parle avec les mains. Les mains, c'est le prolongement de la pensée et moi j'ai beaucoup de pensées, c'est tout.

Smaïn

Propose à ton partenaire d'exprimer avec ses mains des émotions : nervosité, contentement, fatigue, paresse, gêne, tristesse, dureté. Reprends le même exercice avec les pieds. Inversez les rôles.

Photographiez vos pieds et vos mains. Notez à côté de la photo les émotions exprimées.

Il est important de savoir exprimer des émotions autrement qu'avec la parole.

> *La réponse est oui.*
> *Mais quelle était*
> *la question ?*
> **Woody Allen**

Le 8 mai 1945, fin de la Deuxième Guerre mondiale, regarde le film de Lubitsch (1892-1947) *To Be or Not to Be*, une comédie qui met en scène Hitler. Ernst Lubitsch est un juif berlinois. En 1911, il fait ses débuts d'acteur de théâtre. Il fuit le nazisme et se réfugie aux États-Unis, où il mène une carrière de cinéaste. Woody Allen est considéré comme le véritable héritier de Lubitsch.

Regarde le film et note tes impressions sur cette utilisation du théâtre au cinéma.

9 mai

> *Manipulé par un régisseur,*
> *ce projecteur figurant la Lune*
> *se levait et nous faisions*
> *une bascule assez courte…*
> *le jaune disparaissait au*
> *profit du bleu, qu'on appelle*
> *"le Baty", parce que Baty*
> *l'a inventé.*
>
> **Roger Blin**

La gélatine est une feuille de plastique transparente qui sert à colorer la lumière des projecteurs. Elle est très utilisée au théâtre et s'appelle « gélat ». Les gélatines sont identifiées par des numéros : un ambre 021, un bleu 071 ou par les noms de leurs utilisateurs : le bleu Baty (grand metteur en scène), le rose Mistinguett (reine du music-hall)…

Invente de nouveaux noms de gélatines.

Imagine que tu es un chêne. Rapproche-toi le plus possible de la ligne droite, dégage ton cou, efface tes épaules, colonne vertébrale vers le haut, contracte les muscles de tes jambes et de ton bassin. Puis travaille la flexibilité du roseau. Pieds ancrés au sol, balance-toi de droite à gauche jusqu'au point de déséquilibre. Aide-toi de tes bras comme balanciers.

L'arbre devient solide sous le vent.
Sénèque

Il faut veiller à faire ce travail dans la lenteur, la sérénité, le calme pour que la relaxation soit optimale.

Interprète les réactions de ton chêne et de ton roseau sous la brise, puis sous les rafales de vent. Quel moment as-tu préféré ?

11 mai

> *Je te donnerai les pantoufles de ma belle-mère si tu me donnes le cercueil de ton mari.*
>
> **Eugène Ionesco**

Le théâtre de l'absurde refuse la littérature, la psychologie. C'est un théâtre axé sur l'incommunicabilité, où les personnages côtoient le néant et le désespoir. Trois auteurs le représentent : Eugène Ionesco (1912-1994), Samuel Beckett (1906-1989) et Arthur Adamov (1908-1970), tous trois d'origine étrangère : Ionesco, roumaine ; Beckett, irlandaise; Adamov, arménienne.

Connais-tu une pièce très célèbre de Ionesco ?

La Cantatrice chauve.

> *On ne peut applaudir d'une seule main.*
> **Morgan Sportès**

L'expression « avoir sa petite côtelette » signifie être applaudi pour avoir fait son petit effet, comme un animal que l'on récompenserait.

À ton avis, que peut signifier, dans le même esprit, « avoir son morceau de sucre » ?

Certaines vedettes du théâtre de boulevard obtiennent des applaudissements dès leur entrée en scène.

13 mai

Je vais au théâtre plutôt qu'à la synagogue, pas pour adorer, mais pour découvrir la voie du salut.

Julian Beck

La troupe du Living Theatre a été fondée en 1950 par Julian Beck et Judith Malina, à New York. La spécificité de ce théâtre était de donner des spectacles dans les rues, dans les usines, à l'université, dans les asiles, les prisons.

Si tu devais créer une compagnie, qu'aurais-tu envie d'inventer ?

Trouve-toi face à deux ou trois apprentis comédiens. Cache un objet derrière ton dos. Décris-le comme un être humain : son histoire, sa psychologie, ses désirs, son habitation, ses haines. Demande-leur de découvrir de quel objet il s'agit. Inversez les rôles.

On peut ressentir une idée comme on ressent une émotion.
Jim Jarmusch

Photographie ton objet et raconte ce que tes partenaires ont découvert.

Il faut être capable de décrire un objet extérieur à toi et de construire une improvisation parlée.

Si je regarde l'obscurité à la loupe, vais-je voir autre chose que l'obscurité ?

Clarisse Lispector

« Le théâtre n'est pas un lieu comme les autres.
Il est comme une loupe qui grossit l'image,
mais aussi comme une lentille d'optique,
qui la réduit. […]
Dès la première répétition, le but est toujours
visible et proche, et chacun s'emploie à l'atteindre.
La perspective de la première représentation,
avec ses exigences évidentes, force à un travail
en commun, à un engagement, qui nécessitent
une énergie, une attention aux besoins d'autrui
que les gouvernements désespèrent de jamais
susciter, si ce n'est durant les guerres. »

Peter Brook,

L'Espace vide, écrits sur le théâtre.

Écris ce que t'inspire
le texte de Peter Brook.

Imagine une scène avec le personnage et l'histoire de ton choix.

La vie, c'est comme une bicyclette, il faut avancer pour ne pas perdre l'équilibre.
Albert Einstein

Écris-la. Tu dois impérativement – et dans cet ordre – faire apparaître : une bicyclette, un vieillard et un gâteau.

17 mai

Il n'y a de vrai au monde que de déraisonner d'amour.

Alfred de Musset

Alfred de Musset (1810-1857) est l'enfant terrible du romantisme. Il écrit des comédies : *On ne badine pas avec l'amour* (1834), *Il ne faut jurer de rien* (1836) et surtout *Lorenzaccio* (1834). Un soir, lors d'une représentation de *La Nuit vénitienne* (1830), l'héroïne tache sa robe en s'appuyant sur un décor dont la peinture n'est pas sèche. Cet événement impromptu provoque le chahut des spectateurs. Musset, 20 ans, est furieux.

As-tu déjà assisté à un événement imprévu lors d'une représentation théâtrale ?

En Angleterre, à l'époque de Shakespeare,
pour manifester son mécontentement,
on ne sifflait pas, mais on miaulait comme un chat.

Ils rient à gorge déployée, pleurent sans honte, se meurtrissent les poings à applaudir ou, s'ils s'ennuient, s'égosillent à déchaîner monsieur miaou, terreur des auteurs médiocres.

Gaston Baty

Selon toi, quels moyens utilisait-on autrefois pour critiquer une pièce ?

À cette époque, en France, à l'entrée des théâtres on vendait des pommes cuites pour les lancer sur scène ; les Anglais jetaient des trognons de pommes, les Espagnols des morceaux de concombre. Aujourd'hui ce sont des tomates !

19 mai

Le mouvement est facile à affoler. L'équilibre est facile à détruire.

J.-M.G. Le Clézio

Au théâtre la notion d'équilibre et de déséquilibre est fondamentale.
Le plateau est équilibré avec des comédiens, un perturbateur arrive, le plateau se déséquilibre pour ne voir que lui.

Délimite au sol le plateau de jeu (la scène).
Avec un apprenti comédien, à tour de rôle, l'un se positionne où il veut sur le plateau et l'autre rétablit l'équilibre : par exemple, l'un s'assoit dans un coin du plateau, le corps tourné vers l'extérieur, l'autre s'assoit dans le coin opposé, le corps aussi tourné vers l'extérieur.

Dessine un plateau « équilibré » avec le personnel et les clients d'une banque.
Arrive un cambrioleur !

Fais un nouveau dessin de ton plateau qui s'est déséquilibré.

20 mai

> *L'oiseau en cage rêvera des nuages.*
>
> **Proverbe japonais**

Le théâtre nô est une forme traditionnelle de théâtre japonais très sophistiqué. Deux acteurs suffisent à interpréter les intrigues : le *shite* tient le rôle principal et le *waki* les autres rôles. Le costume du *waki* dévoile son identité, il ne porte ni masque, ni maquillage. Le *shite*, quant à lui, utilise un large éventail de costumes et de masques différents pour interpréter vieillard, femme ou dieu.

Y a-t-il des femmes dans le théâtre nô ?

Non, les rôles féminins sont tenus par les hommes. Le nô est le divertissement des samouraïs, il leur est réservé.

21 mai

> *À quoi ressemble un professeur ? À un flacon qui contient un onguent aromatique. Quand on le débouche, le parfum se répand ; quand on le ferme, le parfum disparaît.*
>
> **Le Talmud**

Remplis ton corps d'air et vide-le comme si tu étais un ballon. Choisis une partie de ton corps pour laisser l'air s'échapper : le doigt, le coude, l'oreille, le genou, etc. Tu dois te vider jusqu'à tomber par terre.

Note tes sensations.

L'opéra est né en Italie à Florence au XVIIe siècle. C'est une œuvre destinée à être chantée sur une scène. Cette forme de théâtre musical occidental est appelée « art lyrique ». Procure-toi la production télévisée de *La Flûte enchantée* de Mozart réalisée par Ingmar Bergman. Écoute-la et regarde-la.

L'opéra est l'opéra, la symphonie est la symphonie, et je ne crois pas qu'il soit beau de faire danser l'orchestre.

Giuseppe Verdi

Y a-t-il des airs que tu as reconnus ? Lesquels ?

23 mai

C'est dans la boue qu'on trouve le plus bel or !
Tomas Gutierrez Alea

Il faut ressentir avec précision l'état dans lequel te met cette matière.

Allonge-toi sur le sol et imagine que tu es couvert de boue. C'est une terre chaude, humide et collante. Lève-toi et déplace-toi dans l'espace avec les sensations et les émotions que suscite cette matière. Puis lentement, la boue sèche et se détache de ton corps, tu retrouves ta mobilité.

Quelle expérience as-tu tirée ?

ASTUCE : SI LA BOUE NE SE DÉTACHE PAS AU BOUT DE 2 JOURS, TU PEUX TE FAIRE AIDER.

24 mai

Alfredo Arias, né en Argentine en 1944, s'exile en France en 1970 et s'impose avec de brillants spectacles : *Luxe, Peines de cœur d'une chatte anglaise*. Il fait découvrir les écrits de son compatriote Copi. Il monte un répertoire original, s'intéresse au mélodrame.

> *Si l'amour éprouvait de la honte, on ne le peindrait pas tout nu.*
> **Tirso de Molina**

Qu'est-ce qu'un mélodrame ?

LE SAVAIS-TU ?
COPI ÉTAIT AUSSI UN DESSINATEUR GÉNIAL.
DÉCOUVREZ VITE SON ŒUVRE.

C'est un drame populaire, souvent accompagné d'une mélodie, où l'intrigue, les situations et le ton sont souvent invraisemblables, un peu caricaturaux.

25 mai

Les pièces en un acte servent, en général, de lever de rideau, c'est-à-dire, en argot de théâtre, donnent le temps d'arriver pour la grande pièce !

Théophile Gautier

Le « lever de rideau » est une petite pièce jouée avant la pièce principale. Cette tradition disparaît après la Première Guerre mondiale.

Où pratique-t-on encore des premières parties de spectacle ?

Les chanteurs ou les humoristes connus permettent à un artiste débutant de se produire en première partie de leur spectacle.

Assieds-toi sur une chaise. Ferme tes yeux, pose le bout des doigts sur ton front et effectue un massage léger et doux de cette partie de la tête. Chasse toutes les pensées négatives pour te préparer à jouer ou à improviser.

À esprit libre,
univers libre.
Koan Zen

As-tu réussi à te détendre ?
À quoi as-tu pensé ?

Ce toucher des deux petites « bosses » du front doit être assez ferme pour tendre la peau et faire disparaître le stress.

27 mai

> *Mais à la différence d'un livre, le théâtre a une caractéristique particulière ; on peut toujours recommencer.*
>
> **Peter Brook**

Peter Brook est un des grands metteurs en scène contemporains. Il est né à Londres le 21 mars 1925. Il monte les pièces du répertoire international et surtout les classiques de Shakespeare. Il défend l'idée de mises en scène épurées, où l'absence de décor met en avant la présence, essentielle, des acteurs.

Procure-toi et regarde le film *La Tragédie d'Hamlet,* qu'il a réalisé d'après sa mise en scène théâtrale. Qu'en penses-tu ?

Assieds-toi sur une chaise coudes posés sur les cuisses, torse en avant, mains souples. Porte ton attention sur les bruits extérieurs : d'abord les plus proches, ensuite les plus lointains. Tu saisis des bruits qu'habituellement tu n'entends pas.

L'humanité a l'oreille ainsi faite qu'elle continue à dormir, quand le bruit retentit et ne se réveille qu'avec l'écho.

Arthur Schnitzler

Fais la liste de tout ce que tu entends et identifie ces bruits.

Entendre est un acte passif. Dans cet exercice détendant et actif, il s'agit d'apprendre à écouter.

Il faut s'intéresser au mélodrame. Il n'est pas de grand film qui n'en comporte une part.

Alfredo Arias

Tirso de Molina, dramaturge espagnol (1584-1648), a inspiré Corneille. Il entre dans les ordres à 17 ans. Moine dans l'ordre de la Merci, il occupe des fonctions importantes. Il est le créateur du personnage de Don Juan, le plus grand mythe théâtral du séducteur.

Dans le théâtre italien, il existe un grand charmeur. Le connais-tu ?

Casanova

Allonge-toi et détends-toi. Ferme les yeux et visualise un lieu paisible que tu connais bien et où tu te sens bien. Tout est calme et tranquille. Apprécie les sensations agréables qu'il te procure. Quitte le lieu lentement pour revenir à la réalité, mais garde en toi le plaisir qu'il t'a donné.

Dans le monde idéal, les paresseux donneront des cours de relaxation.
Jean-Marie Poupart

Dessine le lieu où tu t'es transporté.

La tranquillité est nécessaire à la bonne marche d'une relaxation. Il convient de s'accorder un moment de repos avant de se lancer dans des jeux de théâtre.

Il n'y a pas de mode si elle ne descend pas dans la rue.

Coco Chanel

Le festival de théâtre de rue d'Aurillac est créé en 1986 et s'inscrit volontairement dans le territoire rural. C'est une référence à l'échelle européenne et internationale en matière d'arts de la rue. Il accueille une vingtaine de compagnies françaises et étrangères. Ce sont environ cinq cents compagnies qui se réunissent au travers du Rendez-vous des compagnies de passage, le « off » d'Aurillac.

Recherche des manifestations où les arts de la rue sont à l'honneur.

Juin

1er juin

Ô rage ! Ô désespoir !
Ô vieillesse ennemie !
N'ai-je donc tant vécu
que pour cette infamie ?

Pierre Corneille

Pierre Corneille (1606-1684) est le plus inventif de nos dramaturges. Il a écrit de nombreuses tragédies (*Cinna, Polyeucte*), des comédies (*Le Menteur*), des comédies historiques (*Tite et Bérénice*), mais surtout en 1636-1637 *Le Cid*, une des pièces les plus apprises à l'école.

Quelle est la légende qui accompagne la vieillesse de Pierre Corneille ?

La légende, née au XIXe siècle, prétend que Pierre Corneille était dans la plus affreuse misère. On le voit, sur une gravure, devant l'échoppe d'un cordonnier en train de faire réparer ses chaussures usées.

« Tirer la couverture » est une expression qui signifie qu'un comédien attire l'attention sur lui. Ce type de jeu a disparu aujourd'hui au théâtre, sauf au boulevard.

Qui a fait disparaître cette manière de jouer ?

> *Un cabotin […] c'est l'acteur […] qui tire toute la couverture à lui, qui déséquilibre les efforts de ses camarades et qui assassine les pièces, au lieu de les jouer.*
>
> **Firmin Gémier**

C'est l'apparition du metteur en scène qui a permis d'atténuer ces défauts de jeu.

> *Si un homme me tient à distance, ma consolation est qu'il s'y tient aussi.*
> **Jonathan Swift**

Il faut que le volume sonore proposé s'adapte à l'espace suggéré.

Propose à un apprenti comédien un travail sur la voix.

L'un d'entre vous émet un bruit ou un son. L'autre s'éloigne d'un pas ou de plusieurs mètres. Le premier doit reproduire ce son en adaptant le volume à la distance. Vous pouvez remplacer le son par un mot : « salut », « bonjour », « au revoir ».

Refaites ce travail en utilisant la scène 3 de l'acte I de *L'Avare* de Molière. Commente votre travail.

Marche dans l'espace. Arrête-toi, prends une profonde inspiration. Puis lève la tête et imagine-toi peindre au plafond une œuvre de ton choix. Réalise ta peinture durant ton expiration.
Reprends ta marche et recommence un nouveau dessin sur une nouvelle expiration.

Être dans son lit serait une expérience à la fois parfaite et sublime si l'on pouvait avoir un crayon assez long pour dessiner sur le plafond.

Gilbert Keith Chesterton

Dessine les peintures que tu as imaginées.

Il faut que tu puisses augmenter ta capacité respiratoire et prendre conscience de l'importance de l'expulsion de l'air.
Au théâtre, tu dois utiliser ton expiration pour réaliser un mouvement ou dire un texte.

La respiration est le berceau du rythme.
Rainer Maria Rilke

L'intérêt est de coordonner ta respiration à un mouvement.
Cet exercice, à plusieurs, permet de travailler la concentration du groupe et l'apprentissage du geste collectif.

Concentre-toi, debout, bras droit tendu,
la paume de la main vers le ciel.
Baisse-toi en pliant les genoux et ramasse
près de ton pied droit un caillou imaginaire.
Sur ton inspiration, balance ton bras
vers l'arrière avec le caillou dans ta main et,
en expirant ton air, redresse-toi
et lance le caillou vers le ciel.

Imagine des situations en mouvement où tu peux adapter ton inspiration et ton expiration.

6 juin

Brecht (1898-1956) est un des dramaturges les plus importants du XXe siècle. C'est l'inventeur du théâtre épique, c'est-à-dire narratif, où l'acteur devient conteur. Il a épousé la comédienne Hélène Weigel, qui interpréta *Mère Courage*. En 1933, Adolf Hitler arrive au pouvoir en Allemagne et Brecht, farouche opposant au nazisme, doit s'exiler avec sa femme et ses deux garçons.

> *Il faut chasser la bêtise parce qu'elle rend bêtes ceux qui la rencontrent.*
>
> **Bertolt Brecht**

Fais des recherches et raconte l'exil de Brecht qui fuit l'avancée de l'armée hitlérienne.

Le Danemark en 1933, la Finlande en 1940, puis traversée rapide de l'URSS en 1941 et enfin Hollywood, où il travaille au cinéma avec Fritz Lang.

> *L'œuvre d'art,*
> *c'est une idée*
> *qu'on exagère.*
> **André Gide**

Il ne faut pas craindre l'exagération dans cet exercice.

Tu vas endosser le rôle d'un aboyeur ou d'un bonimenteur pour attirer le public sur ton stand de foire. Choisis l'attraction de ton choix : femme à barbe, éléphant à deux têtes… et imagine ce que tu vas dire pour attirer les foules.

Écris ton texte et répète-le.

Le « saignant » est un projecteur qui sert à éclairer de manière spécifique un objet. Pour éclairer un personnage, le suivre dans un mouvement, on utilise une « poursuite ».

La clarté, c'est une juste répartition d'ombres et de lumières.

Johann Wolfgang von Goethe

Dessine une scène où tu utiliseras un saignant pour mettre en valeur un objet qui tient un rôle important dans la situation.

L'art ne reproduit pas le visible, il rend visible.

Paul Klee

Il faut que le dialogue improvisé reste théâtral. Raconter des choses belles ou irréelles, ne pas décrire une histoire trop banale.

Réunis deux apprentis comédiens. Assieds-toi sur une chaise face à une chaise vide sur laquelle tu imagines un ami invisible. Livre-lui un secret ou raconte-lui une aventure qui t'est arrivée. Puis un des autres apprentis prend place sur la chaise vide, pendant que tu libères la tienne. Face à ta chaise vide, il répond et réagit à ton secret ou à ton aventure. Pendant toute la durée de l'improvisation, le troisième apprenti joue le rôle du metteur en scène.

Note les réactions du metteur en scène à votre improvisation, en décalé.

La citation du jour se lit sur la page d'accueil du site présentant l'école du Conservatoire national supérieur d'art dramatique de Paris. Daniel Mesguich en a été l'élève, puis le plus jeune professeur et maintenant le directeur. Cette école est une référence pour la formation du comédien.

Moi, je suis de la vieille école ! la bonne ! celle qui ne fait pas de progrès.

Feydeau

Recherche toutes les activités, les cours, les stages qui y sont proposés.

> *La danse, mieux qu'aucun autre des arts, peut nous livrer l'essentiel des mythes.*
>
> **Maurice Béjart**

La danse est un art du mouvement. Mouvements ordonnés, souvent rythmés par de la musique, la danse se pratique de manières différentes selon les peuples et les époques. Elle est souvent révélatrice d'une société, à un moment précis. La danse fait partie de la formation du comédien.

Choisis un type de danse et écris d'où il vient, comment il se pratique.

Imagine un oiseau. Travaille toutes les parties de ton corps qui vont t'aider à imiter son envol : chevilles, mollets, genoux. Décompose chaque mouvement, chaque geste puis relie-les. L'envol peut être lent, rapide, prudent ou effrayé. Termine l'exercice en travaillant ton atterrissage.

Même pour le simple envol d'un papillon tout le ciel est nécessaire.

Paul Claudel

Fais-toi prendre en photo au moment des différentes phases de l'envol, du vol et de l'atterrissage.

Il faut travailler dans la souplesse, la légèreté, l'équilibre et soigner la fluidité dans les mouvements.

> *Je vis de bonne soupe,*
> *et non de beau langage.*
> **Molière**

L'expression « servir la soupe » fait partie de l'argot des coulisses. Elle a deux sens possibles :
– le premier désigne un comédien qui joue un rôle sans entrain, pour des raisons économiques ; il « sert la soupe » au public (marchand de soupe) ;
– le second signifie mettre en avant son partenaire, « lui servir sur un plateau » le texte, pour le faire briller.

Cite des activités, comme le sport, où les uns « servent la soupe » aux autres.

Crée un personnage de ton choix.
Demande à un apprenti comédien de tenir le rôle d'un journaliste qui te pose de nombreuses questions sur ton passé, ton métier, tes amours, ton avis sur le monde...

Le journaliste doit avoir le talent de ne parler que de celui des autres.
Philippe Bouvard

Note la « biographie » de ton personnage.

Le vicomte : […]
Vous… avez un nez…
heu… un nez…
très grand.
Edmond Rostand

« Ah ! non ! c'est un peu court, jeune homme !
On pouvait dire… Oh ! Dieu !... Bien des choses en somme.
En variant le ton,– par exemple, tenez :
Agressif : “ Moi, monsieur, si j'avais un tel nez,
Il faudrait sur-le-champ que je me l'amputasse ! ”
Amical : “ Mais il doit tremper dans votre tasse !
Pour boire, faites-vous fabriquer un hanap ! ”
Descriptif : “ C'est un roc !... c'est un pic !... c'est un cap !
Que dis-je, c'est un cap ?... C'est une péninsule ! ”
Curieux : “ De quoi sert cette oblongue capsule ?
D'écritoire, monsieur, ou de boîte à ciseaux ? ”
Gracieux : “ Aimez-vous à ce point les oiseaux
Que paternellement vous vous préoccupâtes
De tendre ce perchoir à leurs petites pattes ? ”
Truculent : “ Çà, monsieur, lorsque vous pétunez,
La vapeur du tabac vous sort-elle du nez
Sans qu'un voisin ne crie au feu de cheminée ? ”
Prévenant : “ Gardez-vous, votre tête entraînée
Par ce poids, de tomber en avant sur le sol ! ”
Tendre : “ Faites-lui faire un petit parasol
De peur que sa couleur au soleil ne se fane ! ” […] »

Recherche le sens des mots que tu ne comprends pas et écris la signification de trois d'entre eux qui qualifient le nez de Cyrano.

Invente trois autres adjectifs qualificatifs pour le nez de Cyrano à la manière d'Edmond Rostand.

PLUS FORT QUE BRICE DE NICE, EMINEM ET JAMEL :
CYRANO, LE PLUS GRAND VANNEUR DE TOUS LES TEMPS !

La peau se souvient.
Nous sommes des êtres de tissu.

Eric Fottorino

Choisis un morceau de tissu.
Improvise une histoire avec un début, un milieu et une fin. Tu dois impérativement utiliser le morceau de tissu comme coiffure ou comme chapeau, cela influencera ton personnage.

Trouve des utilisations du morceau de tissu pour influencer ton jeu.

Recherche sur Internet le texte de « l'Appel du 18 Juin ».

Charles de Gaulle l'a prononcé en 1940 pour inciter les Français à la résistance contre l'envahisseur allemand. Travaille-le.

> *Demain, comme aujourd'hui, je parlerai à la radio de Londres.*
>
> **Charles de Gaulle**

> *Une mise en scène n'est jamais neutre. Toujours, il s'agit d'un choix.*
>
> **Antoine Vitez**

Antoine Vitez (1930-1990), grand metteur en scène, est nommé en 1972 directeur du Théâtre de Chaillot, où il développe l'idée du « théâtre élitaire pour tous », un théâtre difficile mais à un prix abordable. Si ce public ne comprend pas le spectacle, on lui répondra comme Picasso, dans une galerie, a répondu à une dame qui lui disait :

« Je ne comprends pas vos toiles.
– Madame, est-ce que vous comprenez le chinois ?
– Non…
– Eh bien, il faut l'apprendre. »

Que penses-tu de cette réflexion de Picasso ?

Joue avec le mot « soleil ». Place-le dans des phrases où il « provoque » des réactions diverses. Le « soleil » peut provoquer du plaisir, mais aussi des brûlures.

La lune est le soleil des statues.
Jean Cocteau

Note des phrases comprenant le mot « soleil » dans ton agenda.

L'analyse d'un texte et la compréhension du sens des mots sont une étape indispensable pour pouvoir le jouer.

> *La musique est le langage des passions, mais toutes les passions ne gagnent pas à être mises en musique.*
> **Christoph Martin Wieland**

C'est la Fête de la Musique !
Celle au théâtre s'appelle « musique de scène ».
Elle peut prendre différentes formes :
musique de ponctuation, pour souligner
les moments forts dans la pièce,
musique d'accompagnement de la totalité
du spectacle, « musique d'ameublement »
pour les changements de décors.
Cette dernière expression, moqueuse,
est d'Erik Satie, grand compositeur contemporain.

Choisis une musique d'accompagnement pour le texte de « l'Appel du 18 Juin ».

Entraîne-toi à observer ton quotidien.
Sois conscient de tes gestes en faisant la vaisselle, en rangeant ta chambre, en te servant à boire.

Reproduis, en les mimant, ces gestes et fais-toi filmer.

Ne jamais perdre le contact avec les menues réalités quotidiennes, c'est là un principe qui permet de beaucoup endurer.
Louis Bromfield

Il faut absolument être le plus précis possible. Tu ne peux pas situer ton lit dans l'espace et ensuite passer à travers comme s'il n'existait pas.

On meurt et on vit seul. C'est une banalité… Je trouve que [la vie] est une petite chose minuscule… [C]'est la chose la plus futile !

Bernard-Marie Koltès

C'est Patrice Chéreau qui a fait connaître Koltès (1948-1989) en montant ses pièces au Théâtre des Amandiers, à Nanterre (*Combat de nègre et de chiens, Quai Ouest, Dans la solitude des champs de coton*). Bien qu'il ait peu écrit, il reste l'un des auteurs phares du théâtre contemporain. Sa dernière pièce est *Roberto Zucco*.

Recherche qui était Roberto Zucco (il a changé une lettre du nom), qui a inspiré sa pièce.

24 juin

Enfants d'un tailleur juif d'origine alsacienne et d'une mère issue du monde du spectacle, les Marx Brothers travaillent au music-hall. Leur virtuosité dans divers instruments de musique les fait triompher dans deux revues à Broadway, *The Cocoanuts* (1925) et *Animal Crackers* (1926). Aujourd'hui, ils sont surtout connus à travers leurs films.

> *Je retourne dans le placard*
> *où les hommes sont*
> *des pardessus vides.*
> **Groucho Marx**

Recherche les différents prénoms des frères Marx et procure-toi le film *La Soupe au canard* (1933), réalisé par Leo McCarey.

Groucho, Chico, Harpo, Zeppo et Gummo. Ces deux derniers apparaîtront moins au cinéma et seront moins connus que les trois premiers.

Marche face au soleil
sans craindre la brûlure
du bonheur et laisse
ton ombre lutter contre
les ténèbres dans ton dos.
Li-Cam

Les arts du spectacle ont toujours été très vivants en Indonésie et plus particulièrement à Bali. Le plus populaire est le *Wayang Kulit*, théâtre d'ombres. *Wayang* signifie « ombre » et *Kulit* « cuir ».
Les ombres sont découpées dans des peaux d'animaux et animées par un ombriste appelé *Dalang*. Il existe deux types de représentations qui racontent la vie du village : celle de nuit et celle de jour, qui ne s'adressent pas au même public mais utilisent les mêmes ombres.

Recherche des images d'ombres du théâtre balinais et colle-les dans ton agenda.

L'Actors Studio a été créé pour permettre à des comédiens de perfectionner leur art. Il connaît son apogée sous la direction de Lee Strasberg de 1951 à 1982. L'acteur doit fonder son jeu sur une recherche de la vérité, chasser les faux-semblants et montrer sur scène des êtres humains et leurs émotions.

Saisir la pleine signification de la vie est le devoir d'un acteur ; l'interpréter est son défi.
James Dean

Recherche sur Internet des acteurs connus, formés à l'Actors Studio.

PLUS FORT QUE L'ACTORS STUDIO :
LE SAINT-TROPEZ STUDIO

Je suis adroit de la main gauche et je suis gauche de la main droite.

Raymond Devos

Cette recherche de la synchronisation doit se faire spontanément en acceptant les propositions de l'autre. Il faut développer sa capacité d'écoute.

Trouve un apprenti comédien.
Placez-vous l'un derrière l'autre.
Celui de devant cache ses mains derrière son dos. Celui de derrière prête ses mains à son partenaire. L'apprenti à l'avant raconte une histoire de son choix tandis que celui à l'arrière interprète avec ses mains l'histoire racontée. Inversez les rôles.

Faites-vous filmer et note les décalages que vos mains ont engendrés.

L'art qui n'est pas dans le présent ne sera jamais.
Pablo Picasso

L'ambition du Festival mondial des théâtres de marionnettes de Charleville-Mézières est de donner de la modernité à cet art. La dimension internationale du festival s'affirme : plus de vingt pays y sont représentés : Québec, Corée du Sud, Afrique du Sud, Pays-Bas, Belgique, Chine, Australie, Cuba, États-Unis, etc. Visite le site Internet du festival-marionnette.com.

Quelles différentes techniques de manipulation de marionnettes connais-tu ? Recherche celles qui existent et que tu as oubliées.

Apprenez au grincheux à sourire et au peureux à agir, le plus grand défi à réussir est d'aller contre nos habitudes.

Lamia Znagui

Marche énergiquement à des rythmes différents : lent, rapide, saccadé, etc. Investis toutes les formes de marche, en canard, pieds ouverts, sur la pointe des pieds et cela dans tous les sens, en avançant, en reculant, sur le côté.
Dès que tu t'installes dans une marche, romps-la et explores-en une autre.

Regarde dans les films de Charlot sa marche si caractéristique et essaie d'inventer la tienne.

Le dossier de presse est la présentation du spectacle destinée aux journalistes. Il comprend la biographie de l'auteur, des comédiens, du metteur en scène, de l'éclairagiste, du décorateur, du costumier... Souvent le metteur en scène ou l'auteur y joignent une note d'intention, c'est-à-dire pourquoi et comment ils ont travaillé ce spectacle.

Dieu lui-même croit à la publicité : il a mis des cloches dans les églises.
Aurélien Scholl

Rédige une note d'intention qui explique l'intérêt de travailler la réplique de *Cyrano*.

(journées des 15-16 juin)

Juillet

> *Il y a des maladies qui sont saines.*
> **Eugène Ionesco**

Réunis quelques amis. Déplacez-vous dans l'espace. À un signal donné, tout le monde se fige. Désignez l'un d'entre vous, qui, en vous touchant, vous transmet une « maladie » : panique, peine, peur, curiosité, fou rire, déprime, etc. La contagion s'installe chez tous les participants jusqu'au moment où le jeu s'arrête. Le groupe se déplace à nouveau et quelqu'un propose une autre « maladie ».

Écris la liste des « maladies » et joins la photo d'un apprenti comédien contaminé par chacune d'elles.

ACTEUR CONTAMINÉ PAR " LA GROSSE TÊTE "

2 juillet

J'ai reçu mon invitation au festival du monde, et j'ai joué tant que j'ai pu.
Rabindranàth Tagore

Le Festival d'Avignon a été créé en 1947 par Jean Vilar. Il a pris une telle ampleur qu'il a engendré, à côté du festival officiel, le « in », un festival « off » d'une importance considérable.
C'est un événement d'une portée internationale.

Procure-toi la programmation du festival et sélectionne les spectacles que tu aimerais voir.

Compose-toi un personnage de ton choix. Choisis-lui un métier, un âge, une situation : célibataire, marié, avec des enfants ou pas, l'endroit où il vit, etc. Si tu décides d'être boulanger, tu dois posséder parfaitement ton sujet : connaître les recettes, les noms des pâtisseries, les tarifs en vigueur.

> *Quel beau métier que d'être un homme sur la Terre.*
> **Maxime Gorki**

Dresse le portrait du personnage que tu t'es inventé.

Les pièces de théâtre te proposent des personnages à qui tu dois inventer une vie pour les interpréter.

4 juillet

> *Toutes les choses ont leur mystère, et la poésie, c'est le mystère de toutes les choses.*
> **Federico Garcia Lorca**

« Le mystère », au XVe siècle, est une représentation de théâtre religieux qui se déroule en plein air, sur le parvis d'une église ou sur la place publique d'une ville. Son dispositif scénique, un praticable (podium) en bois d'une cinquantaine de mètres, représente un alignement de maisons entre l'enfer à droite et le paradis, à gauche du spectateur. La durée d'un « mystère » peut aller de cinq jours à quarante jours. Les sujets abordés sont « la Passion », « les Actes des apôtres »...

Pourquoi la bourgeoisie était-elle opposée à ce genre de théâtre ?

Les jours de représentation, le personnel ne travaillait pas !

5 juillet

> *J'aime qu'on m'aime comme j'aime quand j'aime.*
>
> **Blanche de Castille**

Apprends ce poème de Susie Morgenstern dans *Messages d'amour* :

« Tu la vois se tortiller en une danse bizarre
Comme si le diable l'accaparait
Comme si elle jouait d'une guitare invisible
Frappée par l'imprévisible
Saisie d'un violent cauchemar
Elle est la cible
D'un mal intangible

Pour elle, apprends cet art
Vas-y dare-dare
Gratte-lui le dos »

6 juillet

Il vaut mieux marcher sur une tortue réveillée que sur un patin à roulettes endormi.

François Cavanna

Quand les machinistes ramènent trop brutalement le rideau sur la scène, cela s'appelle « écraser le patin ». « Lui faire faire l'avion » signifie le lever trop rapidement.

D'autres métiers ont aussi un vocabulaire imagé : où dit-on « au pas de charge » ou « sonner la charge » ?

Dans l'armée.

Rédige une lettre d'amour ou une lettre d'embauche. Écris cette lettre dans deux styles totalement opposés : par exemple, la première dans un langage très familier et la deuxième dans un langage précieux, châtié.

L'attraction la plus excitante se trouve entre deux opposés qui ne se rencontrent jamais.
Andy Warhol

Travaille la lecture de ces deux lettres et colle-les dans ton agenda.

L'écriture très différente nous oblige à rechercher un ton, une interprétation différente, même avec un contenu identique.

8 juillet

Un honnête homme ne saute à la gorge d'un autre qu'en cas de nécessité urgente.

Alexandre Soukhovo-Kobyline

Réunis quatre apprentis comédiens. Attachez-vous à la cheville un fil d'environ 1,50 m, relié à un ballon de baudruche. Chacun doit éclater le ballon des autres, tout en protégeant le sien. Quand son ballon est éclaté, il faut quitter le jeu. Le dernier qui a gardé son ballon gagne.

Quel est, selon toi, l'intérêt de cette activité ?

Créer une bonne ambiance entre les comédiens et développer des stratégies d'attaque ou de défense.

> *Il y a des visages plus beaux que le masque qui les couvre.*
> **Jean-Jacques Rousseau**

Le masque est un visage fabriqué en papier ou en résine de polyester, en cuir ou en tissu. Il est destiné à recouvrir le visage du comédien. Un « faux visage » était l'expression employée au XVe siècle. Molière rompt avec cet usage. Il fait jouer ses comédiens sans masque, juste avec du maquillage.

Renseigne-toi sur les méthodes de fabrication des masques et réalise le tien.

10 juillet

> *Parle si tu as des mots plus forts que le silence ou garde le silence.*
>
> **Euripide**

Cette utilisation de l'imparfait aide l'apprenti comédien. Il lui permet également de ne pas précipiter son texte, de trouver la distance nécessaire pour analyser le comportement de son personnage.

Imagine une réplique banale comme : « Bonjour, comment ça va ? » Entraîne-toi à la dire à un partenaire imaginaire dans diverses situations : tu aimes ce partenaire, tu le détestes, tu as un pistolet caché pour le tuer… Exploite ce moment pour t'inventer un sous-texte à l'imparfait qui motivera ton jeu. Par exemple :
« *Je m'approchais de lui, il ne savait pas que sa trahison l'avait condamné et que l'on m'avait ordonné de le tuer, il souriait !* »

Écris chaque sous-texte à l'imparfait, pour chaque situation.

Si vous ne soufflez pas dans votre trompette, nul ne le fera à votre place.
Proverbe anglais

Jérôme Savary est né à Buenos Aires et débute par le théâtre de rue à Londres et à New York. Il a crée, en France, Le Grand Magic Circus qui, dans les années 1970, a rassemblé un grand nombre de spectateurs.

Entre 1971 et 2008, Jérôme Savary a mis en scène :

une vingtaine…
une cinquantaine…
ou une centaine de spectacles ?

Une centaine de spectacles !

12 juillet

Le poulailler est un palais doré pour le coq malgré la puanteur des lieux.

Proverbe agni

Dans les théâtres à l'italienne, jusqu'à la fin du XVIIIe siècle, le public populaire était debout dans le parterre et recevait les coulures des bougies. Ce public pauvre était appelé « valetaille », « basse-cour », « volaille ». Plus tard, on construisit au dernier balcon « le poulailler » pour les accueillir.

Combien de niveaux de balcons peut-on trouver dans un théâtre à l'italienne ?

Jusqu'à six.

Associe deux mots qui ont une ressemblance phonique par exemple : « chapeau » et « capot », « abricot » et « cacao », « pomme de terre » et « revolver ».

Note-les et entraîne-toi à les dire à haute voix en soignant la prononciation.

Les mots peuvent ressembler aux rayons X ; si l'on s'en sert convenablement, ils transpercent n'importe quoi.

Aldous Huxley

Cette activité permet de travailler l'écoute, de rechercher des sons proches et de soigner sa prononciation.

14 juillet

La poésie éclaire comme un feu d'artifice, elle ne veut pas chasser la nuit, mais, au contraire, en tirer parti.

Jean-Paul Richter

Les feux d'artifice sont des spectacles très populaires, utilisant des procédés pyrotechniques, visant à produire du son, de la lumière et de la fumée. On les utilise au théâtre, mais cette utilisation est très contrôlée pour des raisons de sécurité.

Trouve des scènes où tu pourrais utiliser un effet pyrotechnique.

EFFET PYROTECHNIQUE : GARE À L'OVERDOSE

Pour faire apparaître la statue du commandeur dans *Don Juan*, de Molière.

Avec un apprenti comédien, imaginez que vous êtes sur un ring de boxe. Portez-vous des coups fictifs, au ralenti. Votre improvisation doit évoluer vers l'imaginaire, le grotesque, jusqu'au point ultime ! (vous pouvez ouvrir votre partenaire en deux, faire des nœuds avec ses boyaux…)

Le coup porté par un mot frappe plus fort que le coup porté par une épée.
Robert Burton

Faites-vous filmer pendant votre improvisation.
Écris la fin dans l'agenda.

Travailler le rapport à son partenaire en simulant un corps à corps, dans la lenteur, permet de mieux appréhender la maîtrise de son corps. On peut utiliser des bruitages.

16 juillet

Une comédie musicale,
c'est le cinéma
qui raconte la danse
et toute la richesse
qu'il peut lui apporter.

Blanca Li

La comédie musicale est un spectacle mêlant de la musique, de la danse, du chant et du théâtre. On situe sa naissance au XVIIIe siècle en Angleterre, mais sa grande période se situe aux États-Unis dans les années 1930. Au cinéma, Fred Astaire, Ginger Rogers et Gene Kelly donnèrent à ce genre ses lettres de noblesse.

As-tu déjà assisté à une comédie musicale au théâtre ou au cinéma ? Raconte.

Gesticule dans tous les sens en disant le plus lentement possible, la réplique de la citation. Ensuite prononce-la le plus rapidement possible, en bougeant au ralenti.

Sois satisfait des fleurs,
des fruits, même
des feuilles si c'est
dans ton jardin à toi
que tu les cueilles !

Edmond Rostand

As-tu trouvé cette activité difficile, drôle, intéressante ? Décris ton sentiment.

Travailler un texte de manière purement technique permet de le maîtriser et d'y réfléchir par la suite avec une vraie intention.

> *Le décor n'est-il pas le complément indispensable de l'œuvre ?*
>
> **André Antoine**

La scénographie est un élément essentiel au théâtre. Richard Peduzzi, peintre et créateur de mobilier, devient le scénographe du metteur en scène Patrice Chéreau. Il l'accompagne dans la plupart de ses mises en scène de théâtre, d'opéras et dans ses films. Regarde sur Internet le magnifique décor de la scène finale de l'opéra *La Walkyrie* de Richard Wagner, qu'il a construit.

Invente un décor pour le poème de Susie Morgenstern du 5 juillet, et réalises-en la maquette.

Le caleçon est au vaudeville ce que la toge est à la tragédie.
Carlo Rim

Le « vaudeville » est un genre théâtral qui appartient au registre du théâtre de boulevard. L'origine du mot viendrait d'une déformation de « vaudevire », des pièces issues de chansons venant de la vallée de Val-de-Vire qui, en arrivant en ville, devinrent des vaudevilles (ou « voix-des-villes »). Aujourd'hui les auteurs les plus connus sont Eugène Labiche (1815-1888) et Georges Feydeau (1862-1921).

Cite dans ton agenda des œuvres de ces auteurs.

LE POUVOIR MAGIQUE DU CALEÇON

20 juillet

Aux acteurs, il faut un grand rôle avec de toutes petites répliques.

Jules Renard

La même liste de mots donne une infinité de possibilités.

Sur chaque ligne, écris un mot que tu pioches au hasard dans le dictionnaire :

Monsieur Un : – … camion…

Madame Deux : – … parfum…

Fais cela cinq fois de suite avec des mots différents. Invente un dialogue entre les deux personnages en utilisant dans chaque réplique le mot de chaque ligne.

Retranscris ton dialogue dans l'agenda et lis ton texte à haute voix.

Carlo Goldoni (1707-1793) est un auteur prolixe du théâtre italien : deux cent douze pièces. Il crée des œuvres avec l'utilisation de masques, puis sans, en inventant le « théâtre choral » (dialogue sous forme de parlottes, commérages), et surtout en écrivant de grandes comédies comme *La Locandiera* (1753). Après avoir été professeur d'italien à la cour de France, il meurt sous la Révolution française, dans la plus grande misère.

Le masque fait du tort à l'action de l'acteur : qu'il soit amoureux, farouche ou plaisant, c'est toujours le même " CUIR " qu'il montre au public.

Carlo Goldoni

Profite des vacances pour lire *La Locandiera*. Quelles impressions ressens-tu devant la longueur de cette œuvre ?

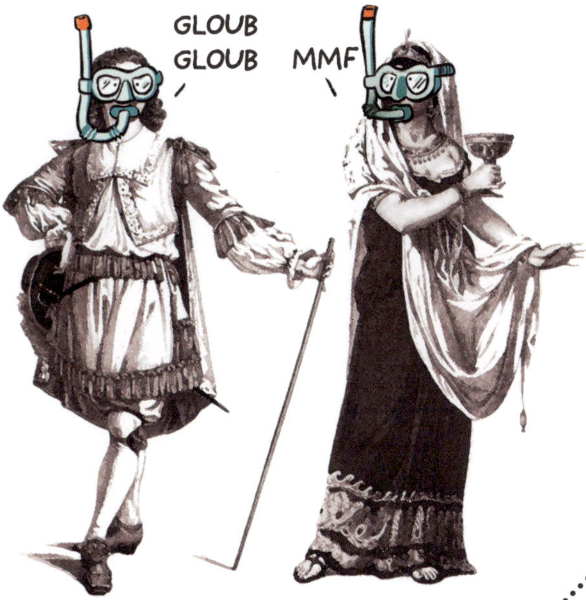

LE CÉLÈBRE THÉÂTRE DE MASQUE ITALIEN

22 juillet

C'est un malheur
du temps que les fous
guident les aveugles.
William Shakespeare

Encore un exercice qui permet de travailler la confiance en l'autre et bien sûr la concentration et l'écoute.

Avec un apprenti comédien, répartissez-vous le rôle de l'aveugle et celui du guide.
Disposez dans la pièce, chaises, tables qui servent d'obstacles. Le guide conduit l'aveugle par la voix, avec des sifflements, des claquements de langue. L'aveugle doit se diriger vers les sons.
Chaque fois que le son s'arrête, il ne bouge plus. Lorsqu'il reprend, il repart dans la direction proposée. L'exercice peut se compliquer si d'autres apprentis émettent des sons proches, qui parasitent volontairement. Inversez les rôles.

Raconte les difficultés rencontrées.

À partir de 1709, les comédiens de la Comédie-Française interdirent aux comédiens forains (acrobates, jongleurs ou sauteurs de corde) de parler dans leurs spectacles par peur de la concurrence : leurs spectacles connaissaient un grand succès ! Ces derniers inventèrent le « jeu à la muette ». Ils substituaient à la parole des écriteaux où les textes étaient écrits.

Dieu reste muet,
si seulement nous
pouvions convaincre
l'être humain
d'en faire autant.
Woody Allen

Choisis un texte et joue-le, puis remplace le texte par des écriteaux. Qu'est-ce qui change dans ton interprétation ?

24 juillet

Des pas et du temps,
ne sois pas avare
L'amour est une denrée
tellement rare.

Susie Morgenstern

Le théâtre doit t'amener à interpréter des sentiments contradictoires, à cacher tes véritables intentions.

Mets-toi face à un apprenti comédien, regardez-vous dans les yeux. Essayez sans rire, le plus sérieusement du monde, de vous dire, chacun à votre tour, des phrases d'amour. Faites le même travail avec des phrases de haine. Maintenant prononcez les phrases d'amour sur le ton de la haine et les phrases de haine sur le ton de l'amour.

Commente dans ton agenda le résultat de ce travail.

25 juillet

> *Qui chante pendant l'été*
> *danse pendant l'hiver.*
> **Esope**

L'été est la période des festivals en tout genre : théâtre, musique, chanson, opéra, danse, etc.

Renseigne-toi sur les festivals près de chez toi et convaincs ton entourage de t'y emmener.

Pour commencer, choisir
un chat avec soin, sans
chipoter la naissance. [...]
On peut choisir sans souci
un chat issu de métissages,
moucheté ou chiné, avec
des chamarrures de pelage,
des taches châtaines
ou chamois aux aisselles,
des chausses blanches
sous chaque patte. [...]
On ne chinoisera pas le choix.

Jean-Noël Blanc

Travaille ta diction. Lis la citation d'une voix forte :
- avec une articulation exagérée, un rythme lent.
- avec une articulation normale, un rythme lent.
- avec une articulation normale, un rythme rapide.
- avec une articulation exagérée, un rythme rapide.

Écris un texte à base d'allitérations* pour t'aider à travailler ta diction.

*(mots qui ont des sonorités communes, comme la citation qui s'appuie sur les sons « ch » et « s »)

Le régisseur lumière est responsable de la mise en place des moyens d'éclairage nécessaires au spectacle. Il assure la conduite lumière, c'est-à-dire les différents effets prévus. Il a la responsabilité de l'entretien du matériel et dépend de la régie générale.

L'amour est la source de lumière qui apporte à la vie son meilleur éclairage.
Ariane Angeloglou

Lis *La Peur des coups*, de Georges Courteline, et note les didascalies* qui fournissent des indications sur la lumière.

*(indications données par l'auteur dans son texte)

[novembre 1916] On va fermer les pâtisseries ; nous aurons deux jours par semaine sans viande ; tous les magasins ferment à six heures et les théâtres sont obligés de faire relâche une fois par semaine.

Charles Baret

« Faire relâche », c'est la fermeture temporaire d'un théâtre.

Quelles sont les raisons de relâche pour un théâtre ?

La relâche hebdomadaire (jour de repos accordé au personnel), relâche pour répétitions, relâche pour travaux, relâche exceptionnelle (deuil national), relâche annuelle (vacances).

Relaxe-toi. Assieds-toi sur une chaise, yeux fermés, bras relâchés, tête posée sur le devant du corps, jambes allongées, sans tension. Imagine un taureau dans ta poitrine. Profite de sa grande force pour installer une respiration puissante et sauvage. Contrôle-la. Relâche et reviens à ton état normal.

Il faut prendre le taureau par les cornes.
Proverbe français

Fais la liste d'autres animaux qui pourraient envahir ta poitrine et décris l'état où ils t'amèneraient.

Après cet exercice, on peut se lancer dans des improvisations qui demandent beaucoup de dynamisme.

BESTIAIRE DU THÉÂTRE

LE CABOT LA DINDE LE REQUIN

> *Être ou ne pas être :*
> *là est la question.*
> **William Shakespeare**

Shakespeare est le plus grand poète dramatique de tous les temps par l'importance et la variété de son œuvre. Il a visité tous les styles d'écriture : les tragédies, les comédies, les drames historiques, les comédies noires. Parmi les trente-sept pièces qu'on lui attribue, *Hamlet* est la plus célèbre. Environ soixante mille ouvrages lui ont été consacrés !

Pour quelle raison, en 1972, en Afrique du Sud, monte-t-on la pièce *Othello* sans le personnage d'Othello, remplacé par trois autres personnages ?

MOLIÈRE MAUVAIS PERDANT

À cause de l'apartheid qui interdisait d'introduire un personnage de couleur, or Othello est noir.

Inscris sur des bouts de papier des émotions et des sensations : joie, folie, amour, peine, peur, faim, soif, timidité, etc. Froisse les papiers et répartis-les en les mélangeant au sol. Déplace-toi, ramasse un papier puis repose-le au sol. Exprime l'état indiqué pendant une minute. Dirige-toi vers un autre papier.

Que le papier parle et que la langue se taise.
Miguel de Cervantès

Amuse-toi à faire faire cet exercice à ton entourage.

Août

1er août

Le praticable est une construction en volume où peuvent évoluer les acteurs. Les machinistes l'appellent le « pratos ». C'est une partie du décor que l'acteur peut utiliser, comme un balcon, un escalier, une porte.
Il est très usité pendant les festivals d'été.

> *Quand ils marchent, courent, sautent sur les praticables, les acteurs — la plupart — font avec leurs pieds un bruit de déménageurs.*
>
> **Jean Genet**

Reporte-toi à la journée du 4 juillet où l'on parle du praticable construit pour la représentation d'un mystère. Dessine-le.

Ou on tire les ficelles,
ou on essaie
de s'en débarrasser.
Paul Newman

Il est nécessaire d'accompagner la respiration par une gestuelle, cela permet de la maîtriser. Ce travail peut aider à interpréter des personnages en conflit.

Avec un apprenti comédien, travaille ta respiration. Sur ton inspiration, fais mine de ficeler ton partenaire pour l'emprisonner. Sur l'expiration, délivre-le. Changez les rôles.

Filmez les mouvements de vos corps dans cet exercice. Note tes impressions.

La Pologne fut dévastée par la Deuxième Guerre mondiale. Beaucoup d'auteurs, de metteurs en scène, d'acteurs furent emprisonnés, assassinés (plus de trois cents artistes). En 1965, on reconstruisit le Grand Théâtre (Théâtre Wielki) à Varsovie. Ce complexe abrite un théâtre de répétition, six salles d'exercices, des ateliers, les décors, une bibliothèque, une école de ballet, un club, un restaurant, un musée, les appartements pour les travailleurs du théâtre.

Il y a deux manières de passionner la foule au théâtre : par le grand et par le vrai. Le grand prend les masses, le vrai saisit l'individu.

Victor Hugo

Procure-toi sur Internet la photo du Grand Théâtre et colle-la dans ton agenda. Comment le trouves-tu ?

4 août

> *On peut juger de la grandeur d'une nation par la façon dont les animaux y sont traités.*
>
> **Gandhi**

Tout le corps doit s'engager dans le jeu et c'est d'autant plus intéressant si le corps se dissocie de la tête.

Investis-toi dans une improvisation simple, celle d'un animal qui mange, par exemple. Quand tu es installé dans le personnage grâce aux mimiques et aux sons que tu émets, complique le jeu en t'inventant le corps d'un autre animal. Imagine une tête de lion sur un corps de gazelle.

Dessine les différentes combinaisons d'animaux que tu as créées.

« Rester dans son jus » signifie que le comédien est obligé de jouer dans un costume qui n'a pu être lavé par l'habilleuse, soit parce qu'il est en tournée, soit parce que le costume est délicat, compliqué à nettoyer.

Le Seigneur m'a promis un manteau de fourrure, et voici que déjà je transpire.
Proverbe polonais

Quelle est la différence entre une habilleuse et une costumière ?

L'habilleuse aide le comédien à s'habiller. Elle est chargée du nettoyage et du repassage des costumes, la costumière, elle, les conçoit et les fabrique.

6 août

> *La tragédie, c'est lorsqu'on se coupe le doigt. La comédie, c'est quand on tombe dans une bouche d'égout ouverte et que l'on meurt.*
>
> **Mel Brooks**

Molière (1622-1673) est probablement le plus grand auteur comique de tous les temps. Il inventa des formes de comédies très diverses : la comédie des coulisses (*L'Impromptu de Versailles*), la comédie de salon (*L'École des femmes*), la grande comédie bourgeoise (*Tartuffe*), la comédie à « machines » (*Don Juan*), la comédie à divertissements (*Le Malade imaginaire*), la comédie-ballet (*Le Bourgeois gentilhomme*), la comédie de tréteaux (*Les Fourberies de Scapin*).

Comment Molière est-il mort ?

Il est mort brutalement à la fin de la quatrième représentation du *Malade imaginaire.*

Deviens l'ombre de quelqu'un.
Reproduis les actions quotidiennes qu'une personne est amenée à faire. Invente l'ombre d'une grand-mère qui va acheter son pain, l'ombre d'un collégien qui a froid en attendant son bus.

Les plus jolies choses du monde ne sont que des ombres.
Charles Dickens

Invente-toi des personnages à imiter et note leurs actions.

Il est important de ne pas oublier que l'on est l'ombre d'une personne et non la personne elle-même, en reproduisant les gestes, les intonations de voix...

8 août

Les écrivains français sont très à l'aise dans les cafés.

Enrique Vila-Matas

Le café-théâtre apparaît en 1966, quand un jeune auteur décide de jouer sa pièce dans un café. C'est un succès immédiat. Après le spectacle, les comédiens « passent le chapeau » (font la quête) et partagent la recette. Maintenant la plupart des salles de café-théâtre fonctionnent à la billetterie.

Cite des comédiens connus qui ont commencé leur carrière au café-théâtre.

Gérard Depardieu, Miou-Miou, Coluche…

> *La mémoire ne filme pas, la mémoire photographie.*
> **Milan Kundera**

Choisis une pièce ou une scène à deux personnages, par exemple « Le Plongeon » dans le recueil *Les Diablogues*, de Roland Dubillard. Avec un apprenti comédien, distribuez-vous les rôles. À tour de rôle, lisez votre réplique, puis dites-la sans regarder votre texte. Vous ne devez pas dire et lire en même temps. Si certaines répliques sont trop longues, découpez-les et mémorisez une partie à la fois.

Au théâtre, le comédien ne doit pas apprendre « bêtement » son texte. Il doit s'approprier son rôle « je lis, puis je dis » en essayant, dès la première lecture, de reproduire le texte, en s'intéressant au ton, aux gestes, aux mouvements.

Comment as-tu trouvé cette pièce ?

10 août

Ce n'est pas difficile
d'être une vedette.
Ce qui est difficile,
c'est d'être un débutant.
Coluche

Au théâtre, une « vedette » est l'interprète principal d'une pièce. Au cinéma, on parle de « star », en danse d'« étoile ». Au XIXe siècle « être vedette », c'était avoir son nom en gros caractères sur l'affiche.

Que signifie l'expression « passer en vedette américaine » ?

C'est être en première partie d'un artiste connu.

Le parler que j'aime,
c'est un parler simple
et naïf, tel sur le papier
qu'à la bouche.
Montaigne

Prépare une série de mimes pour faire deviner des expressions imagées de la langue française. Attaque-toi au sens général de l'expression, puis décompose-la, si besoin, pour faire découvrir les mots qui la constituent. Par exemple « rouler dans la farine » signifie être trompé. Mime le sens général, puis les mots « rouler » et « farine ». Joue ton mime devant ton entourage.

Cherche le sens de ces expressions et inscris-le dans ton agenda :

« mettre la charrue avant les bœufs »,
« avoir des doigts de fée »,
« être fauché comme les blés »,
« avaler des couleuvres ».

Le succès c'est d'aller
d'échec en échec
sans perdre
son enthousiasme.
Winston Churchill

Au théâtre, « se prendre une veste » veut dire subir un échec, être très peu applaudi. L'origine de l'expression viendrait d'une représentation d'un vaudeville où un berger et une nymphe dialoguent :

Berger – La nuit est sombre, l'heure est propice ;
Viens t'asseoir sur ce tertre de gazon.

Nymphe – L'herbe est humide des larmes
de la rosée.

Berger – Assieds-toi sur ma veste.

La réplique du berger provoqua le fou rire du public.

As-tu déjà vu un spectacle où les protagonistes se sont « pris une veste » ?

Dans la Grèce antique, les participants aux fêtes se barbouillaient le visage de lie de vin (rouge foncé), les farceurs du XVe siècle se l'enfarinaient, les comédiens des XVIIIe et XIXe siècles se le fardaient. Aujourd'hui, on utilise le maquillage pour mieux attraper la lumière. Le fard a toujours accompagné le théâtre.

Le phare illumine les mers. Le fard enlumine les filles.
Alphonse Allais

Recherche des photos de maquillages de clowns. Crée le tien et colle ta photo dans l'agenda.

14 août

Il n'est réplique si piquante que le mépris silencieux.

Montaigne

L'intérêt de l'exercice est que les mots inattendus de la contrainte donnent du piquant, de l'insolite au dialogue, qui peut souvent se répéter, traîner en longueur.

Choisis un thème, une déclaration d'amour ou une dispute par exemple. Écris un dialogue à deux personnages. Une contrainte : glisse dans ta scène, le plus souvent possible, des noms de légumes, d'animaux, d'instruments de musique, etc.

Trouve un apprenti comédien pour lire ton texte et recopie-le dans l'agenda.

Varier les points de vue, ça permet de varier les perspectives, mais aussi les styles.
Héléna Marienské

Dans *Exercices de style*, de Raymond Queneau (1903-1976), une brève histoire est racontée de quatre-vingt-dix-neuf manières différentes.

ALORS
Alors l'autobus est arrivé. Alors j'ai monté dedans.
Alors j'ai vu un citoyen qui m'a saisi l'œil.
Alors j'ai vu son long cou et j'ai vu la tresse
qu'il y avait autour de son chapeau.
Alors il s'est mis à pester contre son voisin
qui lui marchait alors sur les pieds.
Alors, il est allé s'asseoir.
Alors, plus tard, je l'ai revu Cour de Rome.
Alors il était avec un copain.
Alors, il lui disait, le copain : tu devrais faire
mettre un autre bouton à ton pardessus.
Alors.

Choisis une dizaine d'exercices de style que tu vas travailler et interpréter.

16 août

La main est l'instrument des instruments.

Aristote

Les répliques doivent se répondre et avoir un lien entre elles.

Avec un apprenti comédien, écrivez un texte à quatre mains. Invente une première réplique qu'on attribuera au personnage 1, puis passe la feuille à ton partenaire, qui écrit la réplique du personnage 2 qui répond à 1. Continuez le dialogue ainsi jusqu'au bas de la page en trouvant une fin.

Jouez votre texte et faites-le entendre à votre entourage.
Écris-le dans ton agenda.

> *Assieds-toi à ta place, et l'on ne te fera pas lever.*
> **Miguel de Cervantès**

Miguel de Cervantès (1547-1616), très pauvre, rejoint l'armée de la Ligue en Espagne. Il perd un bras à la bataille navale de Lépante, puis est capturé par des pirates. C'est tardivement, à 36 ans, qu'il commence à écrire une trentaine de romans. À 58 ans, il devient célèbre en publiant le plus connu *Don Quichotte de la Manche*.

Comment s'appelle le compagnon de Don Quichotte ?

Sancho Pança.

18 août

Voici le monde :
La boule ronde
Monte et descend ;
Creuse et légère,
Qui, comme verre,
Craque et se fend.

Goethe

Travaille ta voix avec cette citation comme support en maîtrisant ton volume sonore et la répartition de ton souffle. Commence le texte très fort et finis-le en chuchotant. Recommence en faisant l'inverse.

Demande à ton entourage la version qu'il préfère. Trouve un autre texte qui te permette de travailler le crescendo et le decrescendo.

Le théâtre antique d'Orange est le théâtre romain le mieux conservé en Occident. Sa renommée vient surtout de son magnifique mur de scène. Visite-le, si tu en as l'occasion, ou va admirer son architecture, sur Internet.

La plus belle muraille de mon royaume.
Louis XIV

Trouve sur Internet, à quoi faisait allusion Louis XIV, dans la citation.

À la façade extérieure monumentale ou « postscaenium », 103 mètres de large et 37 mètres de hauteur.

Il faut prendre la balle au bond.

Proverbe français

« Enfant de la balle », c'est le nom donné à un acteur dont les parents sont eux-mêmes comédiens. L'origine de l'expression vient de la balle du jeu de paume, ancêtre du tennis. Les enfants de joueurs de jeu de paume étaient très performants, habiles à manier la balle. C'est sur l'emplacement des anciens jeux de paume que furent construits les premiers théâtres.

Connais-tu des comédiens qui sont des « enfants de la balle » ?

Installe un paravent assez haut pour te cacher complètement. Montre-toi dans un état, celui de ton choix (colère, joie, tristesse…), puis disparais et réapparais dans un état différent, sans transition.
Recherche des sentiments opposés pour faciliter l'improvisation : gaieté et tristesse, vie et mort, enfermement et liberté…

Vieillir, c'est découvrir
la transparence, brûler les
frontières, fondre les limites,
abattre les paravents…
Y a-t-il plus passionnant
voyage que la vie ?
Jusqu'à la mort incluse ?
Maria Casarès

Joue ton improvisation devant quelqu'un de ton entourage et demande-lui d'écrire une courte critique.

Comprendre que cet exercice n'a d'intérêt que si l'on s'oblige à une grande rapidité d'exécution.

22 août

Mieux vaut être
dans le ventre de l'ours
qu'entre ses crocs.

Aleksis Kivi

Dans le jargon du théâtre, l'« ours » est une mauvaise pièce que l'auteur laisse dormir dans ses cartons. La pièce dort comme l'ours hiberne.

Que signifie « lécher son ours » ?

Cette expression péjorative s'applique à un auteur qui s'évertue à retravailler son œuvre.

Réunis deux apprentis comédiens. Donne-leur comme thème d'improvisation « une soirée tranquille à la maison » : lire, écouter de la musique. Sonne à leur porte et invente un personnage et le motif de sa visite. Par exemple, tu es policier et tu recherches des indices sur le cambriolage de la maison voisine. Inversez les rôles.

Si vous fermez la porte
à toutes les erreurs,
la vérité restera dehors.
Rabindranath Tagore

Note les différents visiteurs proposés.

L'intérêt de cette activité est de faire preuve d'imagination et de confronter son jeu à des situations imprévues.

24 août

Le diable, je suis bien obligé d'y croire, car je le sens en moi !
Charles Baudelaire

L'œuvre de Wolfgang Goethe (1749-1832) est, pour les Allemands, une « œuvre culte ». Il est considéré comme le plus grand écrivain allemand. Son « Faust », personnage légendaire, pactise avec le diable. Il y a travaillé une longue partie de sa vie et ce poème dialogué ne sera jamais vraiment achevé.

À ton avis, Goethe aura travaillé sur *Faust* trente, quarante ou soixante ans ?

Il y aura travaillé soixante ans : de 23 à 83 ans.

Procure-toi un métronome ou compte dans ta tête. Allonge-toi sur le sol et chronomètre ta respiration, une inspiration courte, une rétention un peu plus longue et l'expulsion la plus longue possible afin de libérer les tensions accumulées. Base-toi sur un rythme de 5 temps (inspiration), 7 temps (rétention) et 15 temps (expulsion).

La véritable inspiration suppose du souffle. Ce n'est souvent que du vent.
Gilbert Keith Chesterton

Cette respiration a pour but de se préparer à travailler la voix, la diction, le texte.

Trouve des musiques relaxantes, écoute-les. Note les titres dans ton agenda pour pouvoir les réécouter lorsque tu en auras envie.

> *J'ai fait du théâtre pour des gens comme mes parents, qui étaient illettrés.*
>
> **Roger Planchon**

Roger Planchon (1931-2009), comédien, écrivain, chef de troupe français, crée, en 1957, le TNP (Théâtre national populaire). Il joue ses pièces et met aussi en scène le répertoire classique comme *Tartuffe* ou *L'Avare* de Molière.

Roger Planchon a-t-il joué au cinéma ?

Oui, dans plusieurs films : *Un condamné à mort s'est échappé* de Robert Bresson (1956), *Dandin* de Molière, qu'il réalise (1987), *Camille Claudel* de Bruno Nuytten (1987), *Radio Corbeau* d'Yves Boisset (1988).

27 août

« Intermittent du spectacle » est le nom administratif attribué aux artistes (comédiens, décorateurs, costumiers, techniciens du spectacle) qui ne travaillent que par intermittence, on dit aussi « au cachet » et qui n'ont pas un statut de salarié. La période chômée entre deux interventions, sous certaines conditions, est prise en charge par les Assedic.

Le travail est la meilleure des régularités et la pire des intermittences.

Victor Hugo

Connais-tu d'autres professions qui bénéficient de ce statut ?

26 DÉCEMBRE

Les musiciens.

28 août

Le poète épouse la nature,
et la nature lui offre ses
fruits, qu'il met en mots.
Marie Darrieussecq

Créer une harmonie entre un lieu et le corps, travailler les sensations tactiles.

Trouve-toi un bel endroit avec de l'herbe, des arbres, des sentiers. Laisse-toi envahir par les odeurs, les bruits, les couleurs. Puis cherche avec ton corps à faire des mouvements en harmonie avec cet environnement : rampe dans l'herbe, enlace un arbre, accroche-toi aux branches, etc. Évite tout danger physique et respecte la nature.

Décris l'endroit où tu as réalisé cet exercice. Prends des photographies du lieu et colle-les dans ton agenda.

29 août

En 1896, une farce d'avant-garde, *Ubu Roi* d'Alfred Jarry (1873-1907), fait scandale au Théâtre de l'Œuvre. Le bedonnant Père Ubu, monstre de bêtise et de cruauté, avec sa femme, l'ignoble Mère Ubu, est porté au pouvoir dans une Pologne de fantaisie. À l'origine, cette farce de lycéen a été écrite à l'encontre d'un professeur, Monsieur Hébert, dit « Père Hébé ».

> *Je ne comprends pas qu'on laisse entrer les spectateurs des six premiers rangs avec des instruments de musique.*
>
> **Alfred Jarry**

L'adaptation télévisée d'*Ubu Roi* par Jean-Christophe Averty (1965) a été rééditée en 2007. Procure-toi le DVD et écris tes impressions.

30 août

L'homme est ainsi fait qu'il ne peut pas s'empêcher de taper dans un ballon qui approche. C'est dans le sang. Et quand un ballon s'éloigne, il se met à courir après.

Arto Paasilinna

Ce jeu permet un enchaînement d'actions et de mouvements sans jamais perdre de vue l'autre et en conservant son souffle.

Face à un apprenti comédien, ramasse un ballon imaginaire et lance-le de manière différente. Essayez de faire vivre le ballon. Quand l'un de vous le désire, réalisez l'exercice au ralenti puis reprenez le rythme normal.

Décompose sous forme de croquis la trajectoire du ballon et les mouvements de vos corps.

Place une chaise au milieu de la pièce.
Viens t'y asseoir, attends un bon moment,
puis repars, sans prononcer aucune parole.

Fais-toi filmer et demande à ton entourage l'impression que ton jeu a provoquée. Compare avec ce que tu as vécu et ressenti quand tu étais en jeu.

Posez une grenouille sur une chaise en or, elle sautera à nouveau dans la mare.

Proverbe néerlandais

Très souvent la parole donne l'illusion de « vivre ». Il faut aussi jouer sans paroles.

Septembre

Le figurant interprète un personnage muet dans une pièce de théâtre. Au cinéma, on appelle cela « faire une silhouette ». Dans le langage courant, on emploie les expressions « faire tapisserie », « faire partie du décor », « faire partie des meubles ».

> *C'est à l'une des répétitions [des "Merveilleuses"] que l'acteur Blondelet, à qui l'auteur n'avait confié qu'une "figuration intelligente", agacé par le bruit qui se faisait autour de lui, s'écria, furieux : " Mais taisez-vous donc, n.d.D... ! on ne s'entend pas figurer ! "*
>
> **Georges Cain**

Que veut dire faire de la « figuration intelligente » ?

Le figurant dit quelques mots ou une phrase entière.

2 septembre

Les machines un jour pourront résoudre tous les problèmes, mais jamais aucune d'entre elles ne pourra en poser un !

Albert Einstein

Demande à un apprenti comédien d'inventer une machine. Réalise ensuite son mécanisme et le son correspondant. Inversez les rôles.

Décris à quoi sert la machine que tu as inventée.

Cet exercice permet à chacun d'être à l'écoute de la proposition de l'autre et de travailler avec son corps de manière mécanique.

Trouve un animal et écris des vers à partir de son nom.

Par exemple : *Le crapaud*
Fait du judo
Et ne fait pas de cadeau.
Ou
La poule
A horreur de la foule
Et se roule en boule.

> *Il est plus facile de critiquer que d'imiter.*
> **Zeuxis**

Au théâtre, il est important de rechercher la musicalité des sons et de les verbaliser.

Écris tes textes et mets-les-toi en bouche, c'est-à-dire : apprends à les dire.

LE DRAME DU TRICÉRATOPS

4 septembre

Ne coupe pas les ficelles quand tu pourrais défaire les nœuds.

Proverbe indien

Trouve un apprenti comédien. Attachez à l'extrémité de vos doigts une ficelle d'environ 30 cm. Fermez les yeux et déplacez-vous tous les deux sans trop tendre ni trop distendre le fil.

Filmez vos déplacements et note tes impressions.

Il est difficile de réaliser cet exercice, il demande une bonne coordination. Il faut être parfaitement à l'écoute de l'autre. Il est nécessaire de s'entraîner à se coordonner avec son partenaire.

5 septembre

Sacha Guitry (1885-1957) est un auteur et acteur français de théâtre et de cinéma. Toute sa vie, le thème principal de son œuvre a été le théâtre. Il a écrit quelque cent quarante pièces et trente films. Comédien, auteur mais aussi metteur en scène, sa carrière dura un demi-siècle.

> *Il y a des bêtises que j'ai faites, uniquement pour avoir le plaisir de les raconter.*
>
> **Sacha Guitry**

Quelles pièces écrites par Guitry parlent exclusivement du théâtre ? Fais des recherches et note tes réponses.

L'Illusionniste, 1917 et *Le Comédien*, 1921.

6 septembre

La surface la plus passionnante de la terre c'est, pour nous, celle du visage humain.

Georg Christoph Lichtenberg

Le passage d'une position à l'autre doit se faire au ralenti pour permettre d'observer le travail des muscles sollicités.

Recherche des positions qui permettent à ton corps de toucher le moins possible le sol. Travaille-les toutes, même les plus inhabituelles. Après ce travail, étire-toi et, à l'inverse, cherche à te fondre entièrement dans le sol.

Fais-toi prendre en photos et colle-les dans ton agenda.

L'expression « fil rouge » est utilisée par les metteurs en scène. Elle signifie que la pièce sera mise en scène avec un certain « point de vue ».

> *Quand je n'ai pas de bleu, je mets du rouge.*
> **Pablo Picasso**

Au théâtre, quelle autre signification donne-t-on à « fil rouge » ?

Pendant l'essayage d'un costume, il arrive que la costumière se pique avec les épingles ce qui peut tacher les fils du tissu.

8 septembre

> *Au fond,*
> *c'est une jouissance*
> *que d'attendre*
> *l'épouvante.*
>
> **Henrik Ibsen**

Le nom d'une salle initialement appelée le Théâtre du Grand-Guignol est devenu, dans le langage courant, le nom d'un genre où l'excès des situations fait rire.

Quelle est la différence entre le « grand guignol » et le « petit guignol » ?

(expressions de la seconde moitié du XIXe siècle)

Le grand guignol est réservé aux adultes, alors que le petit guignol s'adresse aux enfants.

Propose à deux ou trois apprentis comédiens un travail d'imagination à partir d'une phrase courte (sujet, verbe, complément), par exemple : « Les fruits murissent l'été. » Sans réfléchir, l'un des apprentis invente une nouvelle phrase en reprenant l'un des mots : « L'été reste ma saison préférée. », puis un autre apprenti continue avec un autre mot : « Mon dessert préféré est le chocolat. », etc.

Le théâtre imagine pour le spectateur et lui fait vivre les produits de cette imagination.
Ödön von Horváth

Il faut s'obliger à la rapidité et développer sa capacité d'imagination en vue d'improvisations parlées.

Note les phrases que vous avez inventées à partir de la première proposition.

10 septembre

On ne juge pas un crapaud à le voir sauter.

Proverbe québécois

Il ne faut pas avoir peur de se moquer de soi-même ni de se faire des compliments.

Propose une situation où tu t'identifies à un crapaud, à quelque chose d'affreux, de répugnant. Commence ton improvisation en t'appuyant sur une phrase répétitive, comme « je suis affreux, personne ne m'aime ». Continue sur ce mode, avec d'autres phrases. Puis fais l'inverse, transforme-toi en prince : « je suis beau, tout le monde m'aime. »

Enregistre-toi et inscris dans l'agenda le contenu de tes improvisations.

Récite la fable de Jean de La Fontaine « La Cigale et la Fourmi ». Change de parti pris. Mets en valeur le charme de la cigale, condamne l'avarice de la fourmi, puis fais ressortir la frivolité de la cigale et la sage prévoyance de la fourmi.

Vous chantiez ! j'en suis fort aise. Eh bien ! dansez maintenant.
Jean de La Fontaine

Quel point de vue a préféré ton entourage ? Inscris dans ton agenda les arguments qui ont étayé leurs choix.

Il est important que l'on puisse jouer le même texte en se plaçant sur un plan différent : l'éclairage en est tout autre.

12 septembre

> *C'est au rythme de mon cœur que battent mes mots.*
> **Morgan Sportès**

Les oppositions de rythme dans les vers permettent les effets les plus variés. Récite les vers d'Edmond Rostand de *Cyrano de Bergerac*. Enregistre le résultat.

« Battez, pour qu'ils soient mousseux,
Quelques œufs ;
Incorporez à leur mousse
Un jus de cédrat choisi ;
Versez-y
Un bon lait d'amande douce.
Mettez de la pâte à flan
Dans le flanc
De moules à tartelette ;
D'un doigt preste, abricotez
Les côtés ;
Versez, goutte à gouttelette,
Votre mousse en ces puits, puis
Que ces puits
passent au four, et, blondines
Sortant en gais troupelets,
Ce sont les
Tartelettes amandines ! »

Écris une recette de cuisine en respectant la versification d'Edmond Rostand.

> *Un style est ce qui décourage le plagiat et tente le pastiche.*
> **Robert Sabatier**

Le « pastiche » est à la fois l'imitation du style d'un écrivain ou d'un artiste et l'œuvre née de cette pratique. Les pasticheurs eurent le mérite aux XVIIIe siècle et XIXe siècle de faire découvrir les productions étrangères.

Fais un pastiche de la recette d'Edmond Rostand du 12 septembre.

14 septembre

> *Tous les trésors*
> *de la Terre ne valent pas*
> *le bonheur d'être aimé.*
> **Calderón**

Calderón (1600-1681) est un auteur espagnol très réputé. Il a écrit cinq cents pièces et en a fait jouer deux cents. Les auteurs français s'en sont beaucoup inspirés : Corneille avec *Le Cid*, Molière avec *Dom Juan*, Musset avec *On ne badine pas avec l'amour* et Paul Claudel avec *Le Soulier de satin*.

Quels sont les titres des pièces de Calderón dont Musset et Claudel se sont inspirés ?

Ne badinez pas avec l'amour pour Musset et *Le pire n'est pas toujours sûr* pour Claudel.

« La féerie » est un genre dramatique qui apparaît en France à la fin de la Révolution et qui cherche à renouer avec les valeurs morales et religieuses ébranlées par cette période difficile.
Danse, pantomime et effets spéciaux accompagnent souvent l'intrigue.

C'est souvent comme ça avec la féerie : l'horreur n'est jamais loin.
Jean-Jacques Schuhl

Quels procédés utilisait-on pour créer des féeries ?

Les machines de théâtre étaient très utilisées : trappes, leviers, treuils, etc.

16 septembre

> *Quand une pièce fait une chute, c'est le rideau qui ne se relève pas.*
>
> **André Birabeau**

« Charger un rideau » veut dire le baisser. On emploie aussi l'expression « charger à l'amoureuse », qui signifie descendre le rideau délicatement pour ne pas faire rebondir les franges sur le sol.

Qu'est-ce qu'une ouverture de rideau à l'allemande, à la grecque, à l'italienne ? Trouve les bonnes réponses.

1 - s'ouvre par le milieu et glisse côté cour et côté jardin ;
2 - se lève verticalement ;
3 - s'ouvre par le milieu, mais est relevé en diagonale par un fil passant au travers.

1 - à la grecque.
2 - à l'allemande.
3 - à l'italienne.

17 septembre

« Pêcher à la ligne » se disait d'un acteur qui sollicitait énormément le souffleur, et pour ce faire se positionnait devant le « capot ».

> *Il n'y a si laide marmite qu'elle ne trouve son couvercle.*
> **Miguel de Cervantès**

Quelle est la signification du mot « capot » ?

Nom donné au couvercle du trou du souffleur.

18 septembre

La liberté, c'est la faculté de choisir ses contraintes.
Jean-Louis Barrault

On peut s'aider dans ce difficile exercice, en faisant une liste de mots avec toutes les lettres autorisées.

Si deux personnes que tu connais décident de vivre ensemble, tu peux leur faire un « beau présent ». Il s'agit d'un compliment qui n'emploie que les lettres de leurs noms. Écris un « beau présent » en l'honneur d'un couple de théâtre célèbre, Jean-Louis Barrault et Madeleine Renaud, en n'utilisant que des lettres de leurs noms : a, b,d, e, l, n, r, t, u. (Exemple : belle et tendre année)

Note ton « beau présent » dans l'agenda.

19 septembre

On appelle « monologue » le fait qu'un acteur seul en scène parle au public ou à lui-même. Le soliloque, lui, s'adresse à un interlocuteur présent mais muet.

> *Ne vaut-il pas mieux parler tout seul que ne pas parler du tout ?*
> **Adrien Therio**

Comment appelle-t-on un monologue trop long et ennuyeux ?

Un tunnel.

20 septembre

Si l'on considère le rapport poids/décibel, le rendement sonore d'une mouche surpasse celui d'un avion.

Fredric Brown

Au théâtre le travail sonore est important pour faire vivre un lieu sans le voir.

Liste tous les bruits, paroles, sons que tu peux entendre dans un aéroport. Écris la partition sonore de ton aéroport en distinguant bien les bruits de fond, ceux qui se détachent… Propose à ton entourage de t'aider à recréer cet univers.

Enregistre le résultat et note tes impressions.

« Rester en carafe » signifie pour un comédien ne pas savoir quoi faire pendant la réplique de son partenaire. La carafe renvoie à l'image d'un objet statique.

La perle précieuse provient d'une vulgaire huître.
Proverbe chinois

Quelle est l'expression que Sarah Bernhardt avait inventée pour dire la même chose ?

« Avoir l'air d'une huître ».

22 septembre

Aimer c'est s'engager, c'est travailler, c'est être intéressé, c'est créer.

Lina Wertmuller

En Afrique du Sud, le théâtre est très diversifié en raison du mélange des traditions, africaines et européennes. C'est un théâtre souvent engagé politiquement et socialement. Depuis la fin du régime de l'apartheid le théâtre sud-africain attire un public mixte, noir et blanc.

Pourquoi en Afrique du Sud le théâtre a-t-il été privé d'œuvres importées pendant vingt ans ?

Dans les années 1960, les dramaturges anglais et américains refusent aux théâtres pratiquant la ségrégation le droit de monter leurs œuvres.

Deviens une statue dans un musée. Trouve une position intéressante, confortable et surtout garde tes yeux ouverts. Demande à quelques apprentis comédiens de jouer les visiteurs et de chercher à te déconcentrer, sans te parler et sans te toucher.

J'essaie de me concentrer sur ma concentration.
Martina Navratilova

Raconte dans ton agenda les stratagèmes qu'ils ont utilisés pour rompre l'immobilité de ta posture.

Il est important de pouvoir garder sa concentration en toute circonstance.

24 septembre

> *Il n'est point de secret que le temps ne révèle.*
> **Jean Racine**

Jean Racine (1639-1699) est le grand auteur dramatique français. Il utilise une écriture classique et le thème favori de ses tragédies est la fatalité amoureuse et son lot de conflits insolubles (*Phèdre*, *Andromaque*, *Bérénice*). Sa faible production théâtrale (onze tragédies et une comédie) s'explique par le fait qu'il abandonne le théâtre après *Phèdre* (1677). En effet, la duchesse de Bouillon, ennemie de Racine, organise une cabale (un complot) pour faire de *Phèdre* un échec.

Selon toi, la pièce a-t-elle finalement plu au public ?

Oui, puisque quatre siècles plus tard elle est toujours jouée !

25 septembre

Lis une pièce de théâtre, les dialogues bien sûr, mais aussi tous les renseignements qui permettent de mieux comprendre la pièce (notes du metteur en scène, didascalies…).

> *C'est de la confiance que naît la trahison.*
> **Proverbe arabe**

Lis-la une seule fois et cherche à retranscrire dans ton agenda tout ce dont tu te souviens. Vérifie ensuite si ta mémoire ne t'a pas trahi.

26 septembre

> *Le visage est l'image de l'âme.*
>
> **Cicéron**

La « mimique », au XVIIe siècle et au XVIIIe siècle, désigne les possibilités du corps et du visage à exprimer une action autrement que par la parole. Le théâtre s'est toujours intéressé à la commedia dell'arte ou aux théâtres d'Extrême-Orient, qui utilisent tout deux le visage de l'acteur comme un masque vivant.

Invente-toi une série de mimiques pour exprimer des intentions ou des émotions. Dessine-les.

Faire du théâtre,
c'est se mettre à l'écoute
du monde, pour en être
la caisse de résonance.
Laurent Terzieff

Respire lentement et émets les sons suivants en étant attentif aux endroits du corps où le son se forme : le son « a » te fait ressentir une vibration dans ta poitrine, le son « e » se place au niveau de la nuque, le son « i » se forme au sommet du crâne, très aigu, très haut perché, le son « o » naît au bas du dos, au niveau des reins.

Écris une phrase où tu mélanges tous ces sons et prononce-la en les faisant résonner.

Le corps est un résonateur dont il faut se servir.

28 septembre

> *Il est impossible de se tenir debout en ce monde sans jamais se courber.*
> **Proverbe japonais**

« Jouer les cassures », c'est interpréter les rôles de vieillards maladroits et bêtes. L'image vient probablement du corps courbé de certaines personnes âgées.

Trouve une pièce où le rôle du vieillard est celui d'un vieillard maladroit et bête.

> *Que le coq chante
> ou pas, le jour se lève.*
> **Proverbe libanais**

« Polichinelle » est un personnage de la commedia dell'arte. L'origine de son nom vient de *pulcino*, « petit coq ». Il peut être acteur ou marionnette.

Que veut dire l'expression « un secret de Polichinelle » ?

GANG DES POSTICHES
PINOCCHIO, POLICHINELLE ET CYRANO

C'est une information que l'on prétend cacher mais qui est connue de tous.

30 septembre

On ne peut pas courir
et se gratter les pieds
en même temps.

Proverbe malien

Toutes les parties
du corps expriment le jeu.

Avec un apprenti comédien, tendez un drap qui cache vos corps, sauf vos pieds. Répétez une scène où seuls les pieds sont visibles et permettent de comprendre l'intrigue.

Joue la scène à ton entourage et note ses commentaires.

Octobre

1er octobre

Le soleil extérieur a soif du soleil intérieur.

Jakob Böhme

Cette énergie va pouvoir se projeter vers l'extérieur pour libérer les capacités créatrices.

Tiens-toi debout, jambes légèrement écartées. Ferme les yeux pour te concentrer. Imagine une boule de feu, comme un soleil au centre de ton corps. Diffuse cette boule dans toutes les parties de ton corps en la faisant repasser à chaque fois par le centre.

As-tu senti passer cette boule de feu dans ton corps ? Qu'as-tu ressenti ?

2 octobre

> *La vie est un passage, le monde est une salle de spectacle. On y entre, on regarde, on en sort.*
> **Démocrite**

« Passerelles », ce terme désigne les passages aériens suspendus dans un espace regroupant la scène et la salle pour permettre le travail des machinistes et des éclairagistes.
On les appelle aussi « corridors » ou « services ».

As-tu déjà visité le plafond technique d'un théâtre ? Sinon, visite le site Internet du Théâtre des Amandiers à Nanterre et regarde celui de la grande salle et de la salle transformable. C'est impressionnant, non ? Pourquoi ?

> *Le cabaret c'est un laboratoire, on ne peut pas être plus proche du public. Le cabaret ne triche pas, il est juste et impitoyable, il apprend l'efficacité, l'assurance.*
>
> **Smaïn**

Le « cabaret » était à l'origine un débit de boissons, et n'a pris son sens actuel qu'au XIXe siècle. Un véritable mythe est né grâce aux chansonniers parisiens comme Bruant au cabaret du Chat Noir ou au cabaret berlinois célébré par le magnifique film de Bob Fosse « Cabaret ».

Quelle actrice joue le rôle principal dans le film « Cabaret » ?

Liza Minnelli

4 octobre

Une vraie rencontre,
une rencontre décisive,
c'est quelque chose
qui ressemble au destin.
Tahar Ben Jelloun

Avec un apprenti comédien, vous allez jouer une improvisation. Placez-vous à 2 mètres l'un de l'autre. Imaginez une rencontre. Respectez les consignes suivantes, sans parler :

- vous rencontrez quelqu'un que vous n'êtes pas content de voir.
- vous rencontrez quelqu'un que vous aimez, mais vous n'osez pas lui dire.

Faites la même improvisation en parlant.

Étiez-vous plus à l'aise avec ou sans parole ?

5 octobre

Il est de l'intérêt du loup que les moutons soient gras et nombreux.

Jeremy Bentham

« Y avoir du gras » est une ancienne expression utilisée lorsque le comédien avait peur de se voir « sucrer » (supprimer) une réplique. Il ajoutait du texte et l'on disait alors : « Il y a du gras. »

Reprends la citation et ajoutes-y du « gras ».

6 octobre

Avez-vous remarqué qu'à table, les mets que l'on vous sert vous mettent les mots à la bouche ?

Raymond Devos

Aujourd'hui, tu improvises ! Imagine que tu mets la table en attendant ton amoureux ou après l'enterrement d'un être cher. Que se passe-t-il dans ton esprit ?

Joue ces deux scènes d'improvisation devant ton entourage et note ses réactions.

7 octobre

Chercher le bonheur dans cette vie, c'est là le véritable esprit de rébellion.

Henrik Ibsen

Il ne faut pas craindre l'exagération dans cet exercice.

Le naturalisme, au théâtre, se dit d'une mise en scène ou du jeu d'un acteur cherchant à reproduire la nature humaine au plus près de sa vérité.
Aujourd'hui, le terme « naturaliste » est péjoratif : il signifie que l'on surjoue et que le jeu perd toute réalité.
Il devient un style « faussement naturel ».

As-tu déjà vu une pièce où les acteurs étaient faussement naturels ? Était-ce volontaire ?

8 octobre

Joue à devenir un chat. Mets-toi à quatre pattes, arrondis le dos. Pousse les fesses vers l'arrière en inspirant, la tête touche le sol, relève les fesses en expirant et arrondis le dos. Recommence plusieurs fois. Puis tends une jambe en arrière. Étire tout ton corps pour te grandir. Recommence le même travail avec l'autre jambe.

Il y a deux moyens d'oublier les tracas de la vie : la musique et les chats.
Albert Schweitzer

Te sens-tu vraiment détendu, relaxé ? Quelle étape as-tu préférée ?

Cet exercice permet une relaxation dynamique. Il fortifie tous les muscles et les assouplit en même temps.

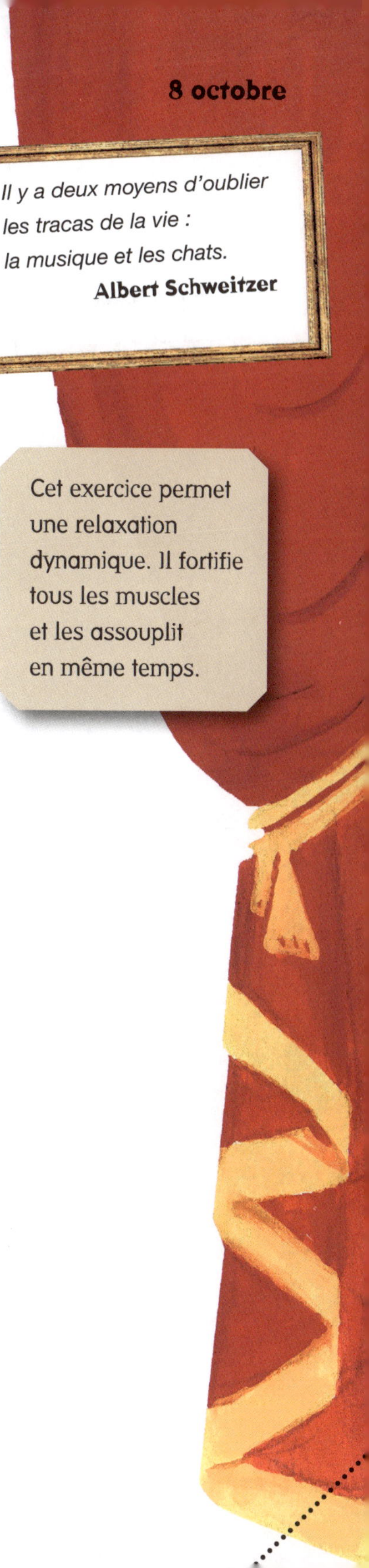

Ce n'est pas parce qu'il y a un trou qu'il y a un écureuil dedans.

Proverbe américain

L'« écureuil » était le nom donné aux jeunes machinistes qui marchaient sur des poulies pour enrouler les « guindes » (mot utilisé à la place de « corde », interdit au théâtre). Ce travail demandait force et souplesse.

Pourquoi les appelait-on « écureuil » ?

En évoquant ce petit animal gracieux, on adoucissait la dureté de cette manœuvre réservée aux plus jeunes.

Avec un apprenti comédien, éloignez-vous l'un de l'autre d'une dizaine de mètres. Puis l'un de vous mémorise mentalement la distance, ferme les yeux et court vers son partenaire. Il doit s'arrêter le plus près possible de lui. Celui-ci est là pour le stopper en cas de besoin. Inversez les rôles.

Quelle place as-tu préférée ?

L'amitié sans confiance, c'est une fleur sans parfum.
Laure Conan

Celui qui sécurise la course ne doit émettre aucun bruit. Cet exercice demande de l'écoute et de la confiance et nécessite une grande concentration.

11 octobre

Je suis jeune, il est vrai ;
mais aux âmes bien nées,
La valeur n'attend pas
le nombre des années…

Corneille

« Marcher sur sa longe » s'emploie pour un comédien vieillissant qui refuse de quitter la scène. Un comédien français, Baron, interpréta Rodrigue à 80 ans ; il se jeta aux pieds de Chimène et ne put se relever !

Pourquoi utilise-t-on l'expression « marcher sur sa longe » lorsque l'on parle de la vieillesse ?

La longe est une longue corde qui sert à attacher un cheval et à l'empêcher d'aller trop loin.
Le comédien qui a fait son temps devrait s'interdire d'aller plus loin.

Le meilleur héritage est toujours l'instruction.
Justin Lefebvre

Invente-toi de nouveaux souvenirs d'enfance
en tenant compte des événements suivants :
Ton père était mort à la guerre ;
Ta mère regardait sans cesse par la fenêtre ;
Les murs de ta chambre étaient couverts
de photos de ton père ;
Le silence régnait dans la maison.

Évoque ce passé, son influence sur le présent
et sur ton avenir.

Retranscris ton enfance inventée dans l'agenda.

13 octobre

Le metteur en scène n'est utile que si l'acteur est meilleur avec lui que sans lui. Sinon, à quoi bon ?

Patrice Chéreau

Le metteur en scène, apparu au XIXe siècle, est celui qui coordonne un spectacle. Les comédiens ont d'abord eu l'impression d'être de simples rouages dans l'élaboration de la pièce. Depuis les années 1980, une nouvelle génération de metteurs en scène est plus à l'écoute du comédien.

Recherche les metteurs en scène qui animent les grandes scènes. Note leurs noms et les noms des structures qu'ils dirigent.

Avec un apprenti comédien, improvisez une situation où l'un cherche à convaincre l'autre, sur la critique d'un film par exemple.

L'acteur, comme l'orateur, cherche à convaincre.
Constantin Stanislavski

Note les arguments de chacun et la fin proposée.

Développer son imagination, savoir faire vivre une opposition est constructif et intéressant.

15 octobre

> *Si je partais sans me retourner, je me perdrais bientôt de vue.*
>
> **Jean Tardieu**
> **(« Un mot pour un autre »)**

IRMA, *entrant et apportant le courrier* : Madame, la poterne vient d'élimer le fourrage…
MADAME, *prenant le courrier* : C'est tronc !… Sourcil bien !… (*Elle commence à examiner les lettres puis, s'apercevant qu'Irma est toujours là.*) Eh bien, ma quille ! Pourquoi serpez-vous là ? (*Geste de congédiement.*) Vous pouvez vidanger !
IRMA : C'est que, Madame, c'est que…
MADAME : C'est que, c'est que, c'est que quoi-quoi ?
IRMA : C'est que je n'ai plus de « Pull-over » pour la crécelle…
MADAME, *prend son grand, en tire une pièce de monnaie qu'elle tend à Irma* : Gloussez ! Voici cinq gaulois ! Loupez chez le petit soutier d'en face : c'est le moins foreur du panier…

À la manière de Tardieu, écris un texte en employant un mot pour un autre.

Le Mali, pays des griots, a surtout développé un théâtre historique, glorifiant son passé. Au moment de l'indépendance, le théâtre a pris un ton beaucoup plus politique, en résistant à la colonisation.

Recherche la signification du mot « griot ».

L'indépendance est un droit que l'on acquiert difficilement.

Mia Riddez et Louis Morisset

Serpent qui change de peau
est toujours serpent.
Proverbe martiniquais

Il faut laisser du temps à cette promenade pour bien ressentir les reptations : il est nécessaire de travailler au ralenti avec des mouvements très déliés.

Imagine que tu es un serpent et rampe au sol de toutes les façons possibles.
Promène-toi : sur le dos, sur le ventre, sur les côtés, les bras tendus vers l'avant, collés au corps.
Franchis un rocher, faufile-toi dans un trou.
Enlève une branche qui te gêne avec ta tête, puis avec ta queue de serpent.

Cherche les différentes sortes de serpents qui existent.

18 octobre

Un point d'exclamation qui s'est avachi donne un point d'interrogation.
Stanislaw Jerzy Lec

« C'est Broadway ! », on emploie avec ironie cette expression pour parler d'un spectacle coloré, clinquant. Broadway est aussi une avenue à New York, où se trouvent de nombreux théâtres.

As-tu déjà entendu parler de Broadway ? Raconte. Sinon, comment l'imagines-tu ?

19 octobre

> *Ce que je veux,*
> *c'est me fuir moi-même.*
> **Luigi Pirandello**

Luigi Pirandello (1867-1936), auteur italien (sept romans, près de trois cents nouvelles, des essais), reçoit le prix Nobel de littérature en 1934.
Son œuvre théâtrale a été très controversée, de là est né le terme de « pirandellisme » : c'est un théâtre de l'intériorité où l'homme est seul, ne communique pas avec les autres.

Cherche des titres de pièces de théâtre qu'a écrites Pirandello.

Il faut écouter ceux qui parlent, si on veut en être écouté.
François de La Rochefoucauld

Deux apprentis comédiens, face à face, se racontent une histoire, en même temps, et tentent de mémoriser celle de leur partenaire. Racontez-vous ce que vous avez retenu.

Écris tes impressions sur ce travail périlleux.

Il est difficile de travailler en même temps la mémoire et l'écoute. Il est important avant ce travail de prévoir un exercice de décontraction.

21 octobre

> *L'homme a ce choix : laisser entrer la lumière ou garder les volets fermés.*
>
> **Henry Miller**

Le « mickey » est une sorte de petit projecteur qui se glisse dans les décors et permet de faire des effets de lumière intéressants.

Comment s'appellent les battants qui se mettent sur les projecteurs pour orienter la diffusion de la lumière ?

Les volets.

22 octobre

Travaille ta diction et entraîne-toi à bien prononcer les sons à l'aide de ces phrases :

- La lampe lance la lumière sur le lit. (Cette phrase met surtout en jeu le roulé de la langue sur les dents.)
- Le riz a refroidi. (Cette phrase sollicite la gorge.)
- Fausses fleurs font fausse figure. (Cette phrase fait se rapprocher les lèvres et sentir le souffle sur la main.)

Réécris d'autres phrases en utilisant les « l », les « r » et les « f ».

Tant que les mots restent dans la bouche, ils sont à soi ; sitôt prononcés, ils sont à tout le monde.

Proverbe chinois

Il est important de constater, de décomposer la manière dont le son est produit pour bien maîtriser la langue.

23 octobre

L'épée n'a jamais émoussé la plume, ni la plume l'épée.
Miguel de Cervantès

Le métier d'accessoiriste est devenu un métier à part entière et s'est développé à partir du XIXe siècle. Diderot, le premier, a insisté sur la nécessité de ces objets de jeu et de décor qui rendent la pièce plus vivante. L'accessoiriste se charge de la recherche et de la confection des accessoires, tout comme il s'occupe de leur entretien.

Dessine les deux accessoires, tels que tu les verrais, dans la citation extraite du *Don Quichotte* de Cervantès.

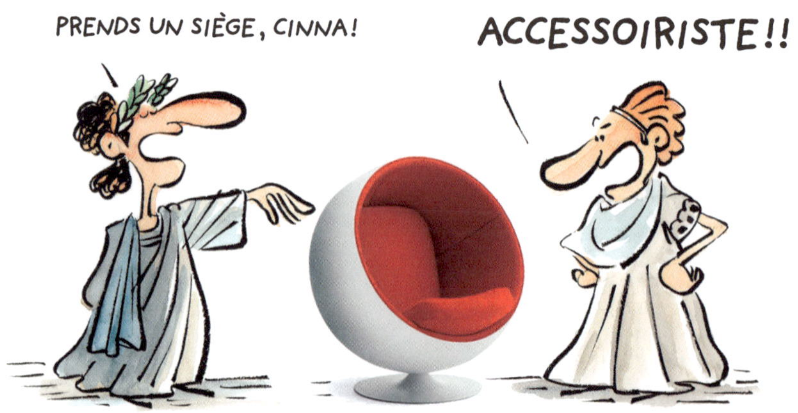

> *Il n'y a rien de nouveau dans l'art excepté le talent.*
> **Anton Tchekhov**

Anton Tchekhov (1860-1904), auteur dramatique russe, connaît des débuts difficiles. Ses pièces s'éloignent des artifices à la mode : pas d'intrigue, pas de thèse mais un « sous-texte » – quelque chose qui n'est pas dit ouvertement – passionnant. C'est Stanislavski qui le fit connaître.

Quel est le nom de la pièce la plus jouée de Tchekhov ?

La Cerisaie

> *Il n'y a pas de sots métiers, il n'y a que des sottes gens.*
>
> **M. Le Roux de Lincy**

Un personnage au théâtre est une construction complexe ; il peut se définir de manières très diverses.

Réfléchis à une idée de mime sur un métier dont la gestuelle t'inspire. Avant de le réaliser, associe à ton personnage deux qualités. Un peintre en bâtiment, par exemple, devra être méticuleux et costaud.

Joue le mime à ton entourage et inscris dans l'agenda toutes les qualités qu'il a trouvées.

Qui chérit à l'excès sait haïr à l'excès.

Aristote

« Faire chéri-chéri », cette expression se moque du comportement des gens de théâtre qui multiplient embrassades et retrouvailles expansives. Dans le milieu du théâtre, tout le monde s'embrasse et se dit « Bonjour, ma chérie ! ».

Connais-tu d'autres milieux ou pays où la manière de se dire bonjour est particulière ?

27 octobre

J'aime les pauvres mots de tous les jours, ils sont si tendres, si pâles !

Kiril Khristov

L'idée ici est de faire preuve d'imagination et de répartie.

Adresse une phrase à haute voix à un apprenti comédien. Il enchaîne sur une autre phrase en la faisant commencer par le dernier mot de la tienne et ainsi de suite. Par exemple : « Le ciel est rempli de nuages. », « Les nuages sont à l'orage. », « L'orage gronde. », etc.

Inscris le résultat de votre improvisation dans l'agenda.

Marcel Aymé (1902-1967), conteur, nouvelliste et auteur dramatique français, s'est mis tardivement au théâtre. Il y a deux hommes différents en Marcel Aymé : le poète rêveur et imaginatif et le satiriste grinçant. Au théâtre, il utilise le fantastique et le merveilleux au service de la satire, comme dans *Les Oiseaux de lune*.

Les idées fausses
ne sont pas
toutes mauvaises.
Marcel Aymé

Lis les *Contes du chat perché*. L'ouvrage t'a-t-il plu ? Pourquoi ?

La confiture n'est bonne que s'il faut monter sur une chaise pour attraper le pot dans le placard.
Alexandre Vialatte

Il faut savoir faire évoluer un récit selon l'émotion qui nous habite.

Pose trois chaises côte à côte ; elles représentent chacune une émotion différente : la joie, la tristesse, la colère. Raconte une histoire et change d'émotion en changeant de chaise.

Quelle émotion as-tu préféré jouer ?

Je n'aimerais guère vivre dans la Lune. Ça m'embêterait de changer de quartier tous les neuf jours.

Francis Blanche

« Pierrot lunaire », cette image décrit une personne qui est dans la Lune, étourdie. Elle vient du théâtre, s'inspirant de la figure enfarinée et non masquée de Pierrot.

Qui est la compagne de Pierrot au théâtre ?

Colombine

La violence à la télévision, ça donne envie de tout casser. Sauf, hélas, la télévision.

Philippe Geluck

Il est difficile de faire ressentir ce qui se passe à l'intérieur de soi sans la parole.

Imagine que tu regardes la télévision en vivant intérieurement le documentaire, le film, le match ou autre chose. Joue ton improvisation et demande à ton entourage de raconter ce que tu visionnais.

Décris dans ton agenda ce que tu étais censé regarder et ce que ton entourage a compris.

Novembre

1er novembre

Dans chaque église,
il y a toujours quelque
chose qui cloche.

Jacques Prévert

Au milieu du XVIIe siècle, certains évêques français ajoutent à la liste des « excommuniés » (concubins, usuriers, sorciers, blasphémateurs, etc.) les comédiens. Selon l'Église, le spectacle détournait de Dieu. Pour échapper à la fosse commune, le seul recours pour les comédiens était de renoncer à leur métier.

Comment fut enterré Molière ?

Molière fut enterré de nuit, en cachette.

Propose une improvisation à trois apprentis comédiens dont l'un joue le metteur en scène. Vous êtes enfermés dans une pièce. Une voix annonce : « Dans deux minutes, une bombe explose ! » Dans ce temps très court, vous devez explorer diverses attitudes : l'envie de fuir, l'abattement, la peur, l'espoir, la solidarité, l'individualisme… jusqu'à l'explosion de la bombe. L'apprenti metteur en scène décompte les dernières secondes à voix haute.

Ciel : lieu de délices que l'on dit être le Paradis et d'où nous arrivent aussi la pluie, la foudre, la grêle et les bombes.

Albert Brie

Note les critiques de l'apprenti metteur en scène.

3 novembre

> *Si les applaudissements*
> *sont le pain des acteurs,*
> *les rappels en sont le beurre.*
> **Luis Rego**

À la fin de la représentation, les acteurs viennent saluer le public.

Comment appelle-t-on le retour des comédiens après les saluts ?

Un rappel.

Exerce-toi au mime à partir de ces situations :

- tu marches sur une plaque de colle (déséquilibre du corps vers l'avant, vers l'arrière, sur les côtés) ;
- ta main reste accrochée à une poignée de porte (contorsions du corps pour essayer de t'en libérer) ;
- tu sonnes les cloches d'une église (mouvements du corps pour tirer et se faire emporter par la cloche).

Si ce sont les plumes
qui font le plumage,
ce n'est pas la colle
qui fait le collage.
Max Ernst

Connais-tu le mime Marceau ? Sinon, fais des recherches sur lui et note ce qui t'a le plus marqué.

5 novembre

> *Si l'homme était toujours dans la coulisse, prendrait-il grand intérêt au spectacle ?*
>
> **Arsène Houssaye**

Les coulisses sont l'envers du décor. C'est un espace qui permet d'être à l'abri du regard des spectateurs.

Que signifie l'expression « bruit de coulisse » ?

Ce qui se passe en coulisse ne doit pas se savoir, doit demeurer secret. Aujourd'hui, cela signifie une rumeur, un bruit de couloir.

« Plumassier », ce métier disparu était spécifique à la Comédie-Française, où l'on jouait le répertoire classique en costumes d'époque. Il consistait à mettre des plumes aux chapeaux des gentilshommes.

Chaque année, le rossignol revêt des plumes neuves, mais il garde sa chanson.
Frédéric Mistral

Cherche des chapeaux à plumes sur Internet et colle tes préférés dans l'agenda.

> *Mieux vaut être seul*
> *que mal accompagné.*
> **Pierre Gringore**

Interprète les gestes suivants :
« taper dans ses mains »,
« écraser avec son pied »,
« se frotter les oreilles »,
« donner un coup de poing »,
« remuer les pieds »,
« tirer la langue ».
Joue ces gestes plusieurs fois et improvise une phrase courte pour chacun d'eux.

Note dans l'agenda les phrases que tu as trouvées pour accompagner les gestes.

8 novembre

Le « contre-emploi » est un rôle attribué à un comédien que l'on n'a pas l'habitude de voir dans ce type de personnage. Le metteur en scène peut souhaiter révéler une facette inconnue du comédien ou faire découvrir une autre dimension d'un rôle connu.

> *Quand on a le physique d'un emploi, on en a l'âme.*
> **Guy de Maupassant**

Trouve un exemple de « contre-emploi ».

Faire jouer le rôle d'une femme par un homme ou l'inverse.

Observer,
c'est perturber.
Hubert Reeves

Apprendre à accepter les propositions extérieures. Faire preuve d'écoute et de disponibilité.

Interprète une situation où ton personnage agit et réalise des gestes simples. Un apprenti comédien perturbera ton jeu en disant :
« Non, pas ça ! » Par exemple, si tu te couches, il dira :
« Non, pas ça ! il y a une vipère dans les draps ! »

Note comment tu as réagi à la perturbation permanente de ton jeu.

10 novembre

« T'occupe pas du chapeau de la gamine ! » était une phrase employée dans les vaudevilles pour dire : « Occupe-toi de tes affaires ! », « Cela ne te regarde pas ! », « Mêle-toi de tes oignons ! »

Un oignon suffit à faire pleurer les gens, mais on n'a pas encore inventé le légume qui les ferait rire.
Will Rogers

Quelle expression emploie-t-on aujourd'hui, pour dire la même chose ?

« T'occupe ! »

Pitié pour nous qui combattons
toujours aux frontières
De l'illimité et de l'avenir
Pitié pour nos erreurs
Pitié pour nos péchés.

Guillaume Apollinaire

L'écrivain et poète français Guillaume Apollinaire, survivant de la Première Guerre mondiale, malgré une grave blessure, mourut de la grippe espagnole qui tua, entre 1918 et 1919, vingt millions de personnes. Il fut enterré au cimetière du Père-Lachaise, à Paris, deux jours après l'armistice.

Connais-tu d'autres artistes, morts pour une cause ?

Traverse la scène de théâtre pieds nus, comme si tu marchais : sur du verre pilé ; sur une couche de neige profonde ; sur du gravier brûlant ou sur des sables mouvants.

Fais-toi prendre en photo. Explique les réactions de ton corps à ces différentes sollicitations.

Quand je regarde mon écriture, il me semble qu'une légion de fourmis est sortie de l'encrier et a traversé la feuille sans s'essuyer les pieds.

Sydney Smith

Il faut effectuer tout un travail de réflexion pour trouver des réponses gestuelles à ces situations. Il faut s'imaginer les réactions du corps et les reproduire.

Aucun jeu ne peut
se jouer sans règles.
Vaclav Havel

Vaclav Havel, né le 5 octobre 1936, est un auteur dramatique tchèque. Il exerce divers métiers : technicien de théâtre, assistant à la mise en scène… Ses pièces sont jouées à l'étranger. Elles ne reviennent sur la scène théâtrale tchèque qu'après la chute du régime communiste.

Qu'est-il arrivé à Vaclav Havel en dehors du théâtre ?

Il a été élu président de la République tchécoslovaque en 1989.

Entraîne-toi à éprouver des sensations physiques et pour cela, invente toute une série d'exercices, par exemple :

- imagine une rose et observe-la dans les moindres détails, respire son parfum ;
- imagine que tu as les jambes d'un vieillard, puis celles d'une ballerine.
- ....

Les passions de l'artiste sont pareilles aux fleurs, par leur parfum intense et leur courte durée.

Vicente Blasco Ibanez

Note tes propositions d'exercices.

Il faut pouvoir, en abordant un rôle, s'inventer des exercices qui aident au travail d'interprétation.

Solitude : douce absence de regards.
Milan Kundera

Texte de Claude Rich (préface au livre *Les Théâtres parisiens disparus* de Philippe Chauveau) :
« Quand vient le soir, et que le bruit de la répétition s'estompe, quand le régisseur a coupé les lumières et que l'ombre s'empare du théâtre, le comédien aime rester seul sur la scène vide pour récapituler le travail de la journée.
Le théâtre appartient à celui qui reste le dernier.
C'est un moment magique. Un face-à-face.
Un silence peuplé de mille bruits, de cris, de rires et de battements de mains.
Pendant des années je n'ai pas résisté à l'envie d'avoir tous les soirs, pendant une heure au moins, le théâtre à moi, et je défie quiconque est seul dans un théâtre vide, de ne pas vouloir le faire fonctionner,
comme quand on est enfant d'essayer quelques notes sur le piano du salon. […] »

As-tu déjà ressenti des sentiments proches de ceux que Claude Rich nous livre dans ce texte ?

Tiens un objet caché dans ton dos.
Mets-toi face à un apprenti comédien et décris cet objet comme si c'était un personnage : décris son histoire, sa psychologie, ses aventures, ses désirs, ses espoirs…
Demande à l'apprenti comédien de reconnaître l'objet à travers tes indications. Inversez les rôles.

N'importe quel objet peut être un objet d'art pour peu qu'on l'entoure d'un cadre.
Boris Vian

Note ta description de l'objet et ce que ton partenaire a trouvé.

Il faut pouvoir décrire un élément extérieur à soi, construire une histoire. Il faut donner à cet exercice une contrainte de temps

*Ce qui est mouillé
ne craint pas la pluie.*
Proverbe grec

« Ils sont mouillés » est une expression employée par les acteurs pour désigner des spectateurs qui n'applaudissent pas à la fin du spectacle.

Cherche d'autres expressions pour désigner l'absence de réaction des spectateurs et note-les.

« Ils sont gelés. », « Ils sont frigo. », « Ils sont peints. »

Déplace-toi selon ces indications :
« tu entres sur scène… »,
« tu poses un verre… »,
« tu quittes la scène. »
Glisse cette phrase lors des trois différents moments de ton déplacement :
« Je refuse de boire dans ce verre. »
Constate les différences que cela apporte à ton jeu.

Il est plus facile de déplacer un fleuve que de changer son caractère.
Proverbe chinois

Trouve d'autres actions avec un déplacement et la phrase correspondante. Note-les.

Mystérieux jardin de ma lointaine enfance / Royaume ensorcelé perdu dans la distance.
Fernanda de Castro

« Le lointain » est l'endroit le plus éloigné de la scène. Au XVIIe siècle, pour donner le sentiment d'un grand éloignement, on peignait des ciels sur des toiles situées au fond du plateau. Opposé au lointain, il y a « la face », partie de la scène la plus proche du public.

Quels sont les quatre points cardinaux du théâtre ?

Face, lointain, cour, jardin.

L'Irlande a été un grand fournisseur d'auteurs dramatiques. Ce sont de très bons observateurs d'une société anglaise qui les rejette.

Cherche les auteurs irlandais qui ont marqué leur temps.

L'assassinat est la forme la plus extrême de la censure.
George Bernard Shaw

L'analyse d'un texte et la compréhension du sens des mots est une étape indispensable pour pouvoir le jouer.

OSCAR WILDE

George Bernard Shaw, Richard Brinsley Sheridan, Dion Boucicault, Oscar Wilde, Charles Maturin.

> *Le cheval est dangereux devant, dangereux derrière et inconfortable au milieu.*
>
> **Winston Churchill**

En travaillant les contraires, on arrive à trouver la liberté et la disponibilité du corps dans une position assise banale.

Cherche à t'asseoir sur une chaise de la façon la plus inconfortable et incongrue possible. Tiens 1 minute, puis assieds-toi le plus confortablement que tu peux.

Comment t'es-tu senti dans chacune des positions ?

22 novembre

« Vendre les marches » signifie, quand une salle est remplie, proposer aux spectateurs de s'installer sur les marches.

Pour faire face à de nouveaux publics, nous devons tout d'abord être en mesure de faire face à des sièges vides.

Peter Brook

Quel est le nom donné à la place sans accoudoir située au bout d'une allée de sièges ?

Il faut absolument être le plus précis possible. Tu ne peux pas situer ton lit dans l'espace et ensuite passer à travers comme s'il n'existait pas.

Le strapontin.

Un mauvais voisin est une calamité, un bon voisin un vrai trésor.

Hésiode

Il faut s'écouter, changer d'état ensemble, ajuster le volume de la voix à l'espace.

Propose à un apprenti comédien de jouer le rôle de ton voisin de palier. Inventez-vous un profond désaccord. Commencez à vous parler à voix basse, proche l'un de l'autre. Puis éloignez-vous. Plus la distance est grande, plus le volume augmente, plus les paroles deviennent méchantes. Au fur et à mesure de l'improvisation, accentuez et réduisez la distance qui vous sépare.

Note tes impressions.

Au théâtre, le mot « loge » a deux significations.
– Pour les spectateurs, ce sont des petits cabinets de trois à huit places, qui courent tout autour de la salle, sur plusieurs étages.
– La loge d'artiste est l'endroit où les comédiens se préparent avant d'entrer en scène.

Le grave inconvénient d'être l'ami le plus intime d'un jeune auteur dramatique, c'est qu'il vous prie d'assister à la première dans la loge de sa mère.

Jules Renard

As-tu déjà assisté à un spectacle d'une loge ? As-tu apprécié ?

*Le mouvement est facile
à affoler, l'équilibre
est facile à détruire.*
J.M.G. Le Clézio

Il faut se responsabiliser les uns par rapport aux autres et partager la même urgence.

L'espace de jeu représente une piste d'atterrissage couverte d'obstacles. Deux apprentis comédiens, l'un l'aiguilleur et l'autre, les yeux bandés, l'aviateur. L'aiguilleur dirige l'aviateur qui ne voit rien. Si un seul objet est touché, l'avion s'écrase. Inversez les rôles.

Photographie l'espace de jeu et décris les difficultés rencontrées.

Denis Diderot (1713-1784) est peut-être le plus actuel des philosophes français du XVIIIe siècle. C'est un théoricien du théâtre.
Le *Paradoxe du comédien* est le plus vivant de ses écrits sur le théâtre.

Celui qui se sera étudié lui-même sera bien avancé dans la connaissance des autres.
Denis Diderot

As-tu déjà entendu parler de Diderot et des Lumières ? Fais des recherches sur lui et note ce que tu as trouvé.

DIDEROT ET BRANDO

> *Plus on s'approche*
> *de la lumière,*
> *plus on se connaît*
> *plein d'ombres.*
> **Christian Bobin**

Cette recherche de la synchronisation doit se faire spontanément en acceptant les propositions de l'autre. Il faut développer sa capacité d'écoute.

Le théâtre d'ombres consiste à projeter sur un écran des figurines fixes ou articulées à partir d'une histoire. Les personnages du théâtre d'ombres sont, selon les pays, fabriqués en peau, en parchemin, en carton, en papier, en fer, et, aujourd'hui, même en plastique.

Fabrique un théâtre d'ombres : une source de lumière, un drap blanc tendu, et des formes plates que tu places entre la lumière et le drap.

Photographie les ombres créées et colle-les dans l'agenda.

Respecte dans l'ordre
ces actions physiques simples :

- Regarder au plafond ;
- S'agenouiller ;
- Se toucher le front ;
- S'asseoir.

*Il faut créer l'action,
parce que l'action
crée le mouvement,
et que le mouvement
entraîne des individus.*
Christian le Guillochet

Écris une histoire qui découle de ces actions.

L'action va amener
le comédien à
se créer une histoire.

29 novembre

Qui êtes-vous ?
– J'ai 22 francs de rente…
– Sortez
– Par jour !
– Asseyez-vous donc.

Eugène Labiche

Eugène Labiche (1815-1888) est un colosse jovial. Il donne sa première pièce à 23 ans, un vaudeville. On en jouera cent soixante-cinq autres ; cinquante-sept seront éditées.

À ton avis, à quelle situation fait allusion la citation ci-dessus ?

L'intérêt est de coordonner ta respiration à un mouvement. Cet exercice, à plusieurs, permet de travailler la concentration du groupe et l'apprentissage du geste collectif.

Il s'agit d'une demande en mariage dans la pièce *Un chapeau de paille d'Italie*.

Propose à un apprenti comédien une situation simple : il est tranquillement assis sur un banc public, au calme, il lit. Tu arrives, avec comme seule obsession, l'idée de prendre sa place. Bien sûr tu as la possibilité de t'asseoir ailleurs. Trouvez une fin ; l'un ou l'autre peut céder. Inversez les rôles.

Quand on voit ce que les pigeons ont fait sur ce banc, il faut remercier Dieu de ne pas avoir donné d'ailes aux vaches.

Régis Hauser

Raconte les différentes idées de jeu proposées et inscris-les dans l'agenda.

Attention à ce que cette improvisation ne se transforme pas en bavardage. Il faut construire le personnage perturbateur à partir d'actions (il est ivre, il vient repeindre le banc...)

Décembre

1er décembre

« Corde », le mot à ne pas prononcer au théâtre sous peine d'amende. Il évoque les pendus. Cet interdit, qu'on appelle « fatal », montre bien la superstition qui règne dans le milieu théâtral.

> *Il ne faut point parler de corde dans la maison d'un pendu.*
> **Miguel de Cervantès**

Recherche sur Internet la seule corde présente dans un théâtre.

La corde à piano, en acier et qui sert de guide pour l'ouverture ou la fermeture d'un rideau.

2 décembre

Le temps est comme un fleuve que formeraient les événements.

Marc-Aurèle

Il faut développer la concentration et la mémoire visuelle et émotive. Au théâtre, il y a trois sortes de concentrations : la vigilance, l'écoute des partenaires et la mémoire.

Essaie de te remémorer les événements de ta journée.

Écris le résultat dans l'agenda ; ce peut être, pour toi, le début d'un journal.

Johann Friedrich von Schiller (1759-1805), grand auteur dramatique allemand, rencontre Goethe en 1794. De dix ans son cadet, il naîtra entre eux une grande amitié. Après une jeunesse difficile dans une école militaire il déserte et commence à écrire. Il développe des thèmes comme la découverte de l'idée de liberté (*Intrigue et Amour*, 1786), le droit des peuples à disposer d'eux-mêmes (*Don Carlos*, 1787).

Tremblez devant l'esclave quand il brise sa chaîne.
Schiller

Recopie un poème de Schiller qui t'a plu.

4 décembre

Lorsqu'un mur va s'écrouler, tout le monde le pousse.

Jiang Zilang

Deux mouvements essentiels sont à exploiter pour le travail du mime « tirer » et « pousser ». Avec un apprenti comédien, à tour de rôle, inventez des actions où l'on pousse, où l'on tire, où l'on tire et pousse dans le même mouvement.

Note des idées.

Au théâtre, le « gaffeur » est le ruban adhésif fréquemment utilisé sur scène.

À quoi sert le gaffeur au théâtre ?

Il n'y a rien de tel qu'un peu de vérité pour masquer un mensonge.
William Congreve

A masquer les câbles électriques, à raccorder les tapis de scène, à empêcher la lumière de filtrer d'un projecteur, etc.

6 décembre

Le soleil ça fait grandir,
et quand on se met à
l'ombre on rétrécit.

Goupil

Il faut penser que la voix est un muscle qui se travaille comme les autres muscles du corps.

Étire-toi de manière à devenir le plus grand possible, à remplir le plus d'espace possible, en sortant ta voix, en augmentant son volume. Puis à l'inverse fais en sorte de rétrécir le plus possible en occupant le moins d'espace, ta voix suit en diminuant de volume.

À quoi as-tu pensé en faisant cet exercice ?

L'ouvreuse place les spectateurs dans une salle aux places numérotées. Dans les théâtres publics, le pourboire est interdit tandis que, dans les théâtres privés, l'ouvreuse est « au pourboire » (de plus en plus rarement).

> *Dans les théâtres, si les ouvreuses ont une lampe de poche, c'est uniquement pour vérifier le montant de votre pourboire.*
>
> **Laurent Ruquier**

Quels stratagèmes utilisaient les ouvreuses au XIXe siècle pour augmenter leurs pourboires ?

Elles disposaient des gants, des voilettes, des chapeaux sur les meilleurs fauteuils pour faire croire qu'ils étaient occupés et prétendaient qu'elles allaient les faire libérer moyennant un pourboire.

Je ne pense jamais,
cela me fatigue ;
ou si je pense,
je ne pense à rien.
Georges Courteline

Le Français Georges Courteline (1858-1929) a écrit de nombreuses saynètes en un acte, tranches de vie comiques qui parlent des petites tyrannies administratives, judiciaires, militaires, matrimoniales…

Lis Courteline. Ne le trouves-tu pas très moderne ?

La « perruque » est un des éléments les plus utilisés pour transformer le comédien. En filasse (matière textile végétale) dans le théâtre antique, en vrais et faux cheveux depuis le XVe siècle, aujourd'hui on utilise les matériaux les plus divers : copeaux, métal, carton, plastique, etc.

En chaque sens sont les cinq autres.
Juan Ramon Jiménez

Ce sont les sens qui deviennent le centre moteur du comédien.

Fabrique une perruque, mets-la et colle ta photo dans l'agenda.

10 décembre

> *Les chefs-d'œuvre*
> *ressemblent*
> *aux perruques :*
> *pas un cheveu*
> *ne dépasse.*
> **Paul Dermée**

Assieds-toi sur une chaise confortablement, les pieds posés au sol, les yeux fermés. Cherche à ressentir ce que t'apporte chacun de tes cinq sens :

- Goûte ta salive (est-elle sucrée, salée ?) ;
- Touche les objets qui t'entourent (surface, texture, forme, volume ?) ;
- Perçois les sons autour de toi, à l'extérieur de la salle ;
- Hume l'air ;
- Ouvre les yeux très lentement et regarde autour de toi, choisis un objet et va l'examiner en te servant de tous tes sens.

Note l'objet que tu as choisi et décris-le dans l'agenda.

À tour de rôle, avec un apprenti comédien, émettez un bruit : le réveille-matin, la sonnerie d'école, la clé dans la porte, le bruit de l'eau dans la douche, etc. Celui qui entend le bruit y répond par des gestes : s'étirer ou arrêter le réveil, se mettre en rang, ouvrir ou fermer la porte, prendre sa douche ou ouvrir le robinet…

L'acte est vierge, même répété.
René Char

Fais la liste des bruits proposés et des mouvements qui y répondent.

Il faut répondre à des sollicitations le plus rapidement possible sans passer par la réflexion.

12 décembre

> *Le dindon est un paon qui n'a pas réussi.*
>
> **Roland Dorgelès**

Le « père dindon » est le nom donné au comédien qui interprète le rôle d'un vieillard ridicule. Le personnage est toujours trompé, c'est « le dindon de la farce », comme Argan dans *Les Fourberies de Scapin* (1671) de Molière.

Connais-tu d'autres mots ou expressions issus du vocabulaire de théâtre ?

« Faire le cabot », « Quel comédien ! », « des quiproquos »…

> *Qui veut voyager loin ménage sa monture.*
> **Racine**

À 20 ans, Racine rencontre Molière par l'intermédiaire de La Fontaine. Il n'y aura pas de véritable amitié entre eux. Il propose à Molière de mettre en scène ses deux premiers textes et en même temps, il donne à d'autres comédiens d'un théâtre concurrent un de ses textes !

Quel est le nom de la seule comédie écrite par Racine ?

MAIN BASSE SUR LA LITTÉRATURE

Les Plaideurs.

14 décembre

> *Trop d'information tue la transformation.*
>
> **Olivier Lockert**

Transforme et crée un lieu. Entre dans ta chambre comme si c'était une salle de classe. Aide-toi de tous les objets présents habituellement dans ce lieu. Utilise aussi tes cinq sens.

Raconte comment ta chambre est devenue une salle de classe.

15 décembre

> *L'art de diriger consiste à savoir abandonner la baguette pour ne pas gêner l'orchestre.*
> **Herbert von Karajan**

L'orchestre est la partie de la salle située devant la scène. Dans la Grèce antique, la plus grande partie du spectacle avait lieu sur l'orchestra, où chantait et dansait le chœur.

Aujourd'hui, comment nomme-t-on la partie de la salle où se trouvent les musiciens ?

La fosse d'orchestre.

16 décembre

Quand on prend la peine de découvrir les ficelles, on se sent moins marionnette…

Robert Blondin

Tiens et manipule une ficelle entre tes doigts, puis laisse-la tomber et continue la manipulation comme si elle était toujours là. Dès que la sensation se perd, reprends la ficelle et recommence.

On doit s'aider de sa mémoire sensorielle pour ressentir les situations.

Fais une liste d'objets qui pourraient remplacer la ficelle.

« Dans le théâtre sérieux, n'allez pas croire que la réaction du public ne soit pas perceptible. D'abord il y a le silence, et le moindre murmure ou frisson fait comprendre si on est ou non dans le droit chemin. Les sièges qui grincent ou les pas de ceux qui s'en vont sont un signal infaillible. […]
Autre signal, la toux… pire que les sifflets et bruits de bouche divers. Quand le public commence à tousser, on peut déclarer forfait et renoncer à jouer. Des gens qui n'ont jamais eu un rhume de leur vie, dès qu'ils arrivent au théâtre, ont des accès de toux et des chats dans la gorge. Il y a aussi les papiers de bonbons. »

Dario Fo

La plus cruelle manifestation de désapprobation du public, c'est son absence. Qu'il siffle, mais qu'il vienne.

Marcel Achard

T'es-tu déjà ennuyé au théâtre ?
Te souviens-tu pour quelle pièce ?

18 décembre

Décrocher un Oscar,
c'est aussi difficile
que d'embrasser
ses propres fesses…
Robin Williams

Il faut engager tout le corps en s'efforçant de travailler la synchronisation du mouvement avec le partenaire.

Travaillez les équilibres avec un apprenti comédien. Poussez-vous l'un l'autre : face à face (front contre front), de côté (épaule contre épaule), de dos, fesses contre fesses. Puis, mettez-vous dos à dos ; sans perdre l'équilibre et sans les mains, cherchez à vous asseoir et à vous relever.

Vous êtes-vous amusés ?
Quel moment a été le plus difficile à mettre en œuvre ?

> *Les mystères les plus profonds résident dans les objets naturels les plus simples.*
> **Ludwig Feuerbach**

Le théâtre d'objets, issu du théâtre de marionnettes, est apparu en Europe au début des années 1980. À la différence du marionnettiste traditionnel, l'acteur ne cherche pas à disparaître derrière les figures, mais il joue avec elles.

Trouve des pièces dont les héros sont des objets.

20 décembre

Et avec quoi enfiles-tu l'asticot sur l'hameçon ?
– comme tout le monde avec dégoût !

Théophile Gautier

Tu es invité à dîner chez quelqu'un à qui tu dois absolument plaire. Il te sert un mets qui t'écœure mais que tu dois avaler quand même.

Comment as-tu fait ? As-tu imaginé que tu mangeais un plat succulent ?

Il faut pouvoir jouer l'action et son contraire : pouvoir éprouver un profond dégoût tout en le cachant à son partenaire.

Le kabuki est une forme traditionnelle du théâtre japonais. Il connaît un succès populaire grâce à la violence de ses intrigues, à la beauté de ses maquillages, de ses costumes, de ses décors. Le kabuki, art de chant et de danse, a traversé les siècles.

> *L'espace d'une vie est le même, qu'on le passe en chantant ou en pleurant.*
>
> **Proverbe japonais**

Cherche sur Internet la signification des trois syllabes composant le mot « kabuki ».

« ka » : le chant, « bu » : la danse, « ki » : l'habileté technique.

22 décembre

Laboratoire. Même quand on ne trouve rien, on renifle l'odeur de la vérité qui se cache.

Jean Rostand

Jerzy Grotowski (1933-1999), metteur en scène et directeur de théâtre polonais, a joué à partir des années 1960 un rôle central dans l'évolution du théâtre. Il fonde le Théâtre Laboratoire, qui associe la création de spectacles avec le travail de l'acteur.

Quel grand metteur en scène vient d'écrire un livre important sur Grotowski ?

THÉÂTRE LABORATOIRE

« Avec Grotowski » de Peter Brook.

Un apprenti comédien parle et ensuite tu joues selon ses paroles.
Entraîne-toi à séparer la parole et le jeu.

Écris le contenu de l'histoire proposée et filme le résultat du jeu sans parole.

L'art se situe dans l'intervalle mince comme la peau, qui sépare la vérité du mensonge.
Monzaemon Chikamatsu

Il faut toujours chercher à différencier la parole et le mouvement pour pouvoir comprendre l'importance des deux.

24 décembre

Lorsqu'on achète
des souliers,
on s'informe du pied.
Proverbe chinois

« Plaquette », c'est le nom donné à un programme, distribué par l'ouvreuse, qui donne des informations sur le spectacle.

Procure-toi différentes plaquettes de spectacle et choisis celle qui te paraît la mieux construite. Colle-la dans l'agenda.

25 décembre

> *J'avais mis mes souliers devant la cheminée, le Père Noël m'a apporté des pieds.*
>
> **Philippe Geluck**

Déballe une multitude de cadeaux imaginaires et joue les sensations qu'ils te procurent : joie, indifférence, déception, enthousiasme, répulsion, etc.

Écris ta liste de cadeaux rêvés...

26 décembre

> *Le théâtre est un des instruments les plus expressifs, les plus utiles à l'édification d'un pays, le baromètre qui enregistre sa grandeur ou son déclin.*
>
> **Federico Garcia Lorca**

De tous les pays de civilisation ancienne, la France est sans doute celui où l'activité théâtrale n'a jamais cessé. Chaque époque, chaque école littéraire, chaque courant de pensée a donné lieu à des pièces de théâtre importantes.

Quel est l'auteur de théâtre français qui te vient en premier à l'esprit ?

27 décembre

« Apporter son parapluie », cette expression est employée par les spectateurs du premier rang pour parler des comédiens qui postillonnent.

> *Que ton parapluie soit prêt avant qu'il pleuve.*
> **Proverbe indonésien**

Quels sont les synonymes de « parapluie » ?

Riflard, pébroc, pépin.

28 décembre

Un acteur professionnel ressent une sorte de tension. Cela désarçonne l'amateur, mais le professionnel en a besoin.

Carroll O'Connor

La relaxation sert à avoir conscience de son corps et de chacun de ses muscles. Les muscles sont importants, car sollicités en tension, ils aident à jouer de multiples sensations : le froid, la peur, etc.

Avec un apprenti comédien, asseyez-vous sur une chaise et relaxez-vous.
À tour de rôle, détendez le corps de votre partenaire par des manipulations et des massages : tête, nuque, dos, bras, jambes, pieds.

Indique les points de tension que tu as ressentis.

Imagine que tu es en voiture et que tu viens de brûler un feu rouge. Des gendarmes t'ont vu, tu les vois s'approcher dans le rétroviseur.

Fais la liste des sensations physiques nécessaires pour réaliser cette improvisation.

Il n'y a pas de meilleur gendarme que celui qui a été bandit.
Proverbe catalan

Il faut se poser la question : « Qu'est ce qui peut motiver l'acteur pour agir comme le personnage ? »

Respiration accélérée, mains moites, gorge serrée, battements de cœur, etc.

30 décembre

Le déroulement d'un événement est plus révélateur que l'événement lui-même.
Vincent Delerm

Il est important de proposer un déroulement progressif de la séance : « travail physique », « voix et respiration », « sensations », « imagination », « relaxation ».

Maintenant, en parfait apprenti comédien, tu peux organiser une séance de travail pour un jeune élève.

Par quoi commencerais-tu ?

« Noir ! », c'est l'exclamation pour signifier la fin d'une scène. « Faire le noir », c'est éteindre les lumières de la salle à la fin d'une scène avant d'en commencer une autre.

Il y aura des noirs et c'est dans les noirs que devra apparaître la vraie pièce aux spectateurs.
Jean Genet

Quelle scène as-tu envie de jouer pour lever le rideau sur cette nouvelle année ?

Remerciements

Ce livre n'existe que grâce à l'insistance de Susie Morgenstern à me pousser à l'écrire. Un grand merci à elle pour la confiance et l'amitié qu'elle me témoigne. Il n'existe aussi que grâce à la compétence de mon éditrice et de son équipe qui m'ont accompagné pas à pas dans ce projet me prodiguant leurs conseils et leur expérience.
Je remercie tous les comédiens, les metteurs en scène, les amateurs passionnés qui ont écrit sur le théâtre.
Je remercie tout particulièrement Agnès Pierron et André Degaine dont les ouvrages ont nourri mon travail.
Je remercie toute l'équipe du théâtre du Fauteuil qui m'accorde sa confiance pour assouvir ma passion.
Un grand merci à Vincent Odin dont les dessins n'ont cessé de me ravir.
Je remercie tous les auteurs des agendas précédents qui m'ont communiqué l'envie de mener cette aventure.
Je remercie mes élèves de la Maison d'Arrêt des Hauts de Seine et ceux des différentes écoles qui ont accepté d'expérimenter un grand nombre d'exercices.
Un grand merci à tous mes proches qui m'ont encouragé.

Vincent Odin tient à remercier Dominique « Aragua » Vidal, pour son aide et son amitié.

Conforme à la loi n°49-956 du 16 juillet 1949
sur les publications destinées à la jeunesse.
ISBN : 978 2 7324 4044 6
Dépôt légal : janvier 2010

Achevé d'imprimer en Espagne par Graficas Estella en février 2010
Photogravure : Altavia Lille